MW00881304

Scream as You Leave

by

Ian Winterbauer

A Jabber Publication

A Jabber Publication
P.O. Box 299
Columbia, Ca 95310

Paperback # 6

Ed. 1
ISBN: 1543022707
ISBN-13: 978-1543022704

Artwork by Andy Heck Boyd
with a contribution from Ashley Krstulovich

for Tom Neyman
"He is with us always."

Café Observation

Sitting by myself
in an outdoor café downtown,
I watch as a beautiful brunette
smokes at a table by herself.
She tamps out her cigarette and leaves.
After a bit,
the busboy approaches the vacated table,
glancing around, carefully.
Once at the table,
he picks up the discarded butt
and sticks it in his mouth.
Chewing, he savors the experience.
That busboy and I shared something that day
without him even knowing it.

Blanket Borders

alone in a room

together but two breathes
moving the air separately
weakness explodes
a trickle goes unnoticed

under blankets

can be a thousand

miles

alone in a room
two breathes
moving in unison

an unseen dream by one

maps the other's past
being alone is something
I know how to do
being alone has never been allowed

eternity is alone

alone dances on

falling leaves

and slips off
on a breeze you

wear

like the clothes
you won't remove
for me

away it slips in repetition

and looking back
won't make me cry
my tears are for
things I can fix

if it's over
it's over

the end

Occasional Poetry of a Sudden Death

How design
one poet breaks.
How design
one poet breaks of degree.
Degree less poignant
made by scars
when tears blare broken poet design.
Designed by wanted flightless search
to dream of broken point. Breath the broken poet breaking.
Bleed the broken
poet breaking. Dream the broken
poet waiting in
disguise to harm or defeat
branching out to rewind neurotic poet
breaking a little more divine.
Feeling a little more about inside.
To claim a good idea but the best
of ignorance,
go ahead,
of which is why
how
design-
design a broken
poet
breaking.

<u>I'm 25 and Fuck You</u>

So cruel
     and filthy
can youth be
    for a poet.
      The hatred for
      who has poetry now
        (academics)
        (decorators)
making it of old intellectual coursework endeavors
    of posture and manners and image generating.
What's happening in poetry now
     is a simple mimicking
    of what's been done already.
It's bullshit.
        There's a different progression
        than what's been taught.
First naked sign of a poet is
     mounting excitement.
I write you all away
    and violate your poetic innocence
    with my foul truth.
A poet can write themselves
     into a hard-on.
     Utterly molested
by my work?
    You hide in yours.   I need something new!
There is hardly any poetry left in aesthetics.
Poetry needs to be hideous, somehow.
Poetry isn't weighed down by books.
It doesn't hang on walls.
You can't wear it on your face.
    It travels.
    It gets around.
    It's supposed

       to be taken away with you.
Poetry is for the hands.
I'm not going to shove good work down your throats
if all you want to do is
bathe in horeshit.
I can scream mine louder than you
and, Jesus, I hate these fucking creeps
       who hold my art hostage.
I'll tear you all down and do it better myself.

Chicago in Six Parts

1.

lonely heart vanishing city
letting city keep me company
overwhelming swarms
of travelers now and going
                  this is a living city
alone in the city
is less alone than in other places
towns ignore you
city won't leave you alone

smoke cigarette northwardly
pushing city taking you to shore to eat a peach
in the magic hour chill

2.

city trail pulling me back
city sits it out
                  I find myself a reading

3.

finding myself among friends
accomplishing less friends support
knowing I'm not the same

succumb to finish first place warming venture
drinking more slightly stay up there laughing
                I've molested the audience
we collaborate after
mounting conversation to drinks
as per usual
I stay back and pay attention

blacking out girl staring deeply
eyes bumping hands fidget
swirl around a mystery poet
who knows how to not care about anything
a genius
taking notes to use masterful production after

small duo
one wearing shirt
it's a good shirt
I have that shirt
adding nothing to group
cowboy wall paper of fancy Italian restaurant
spaghetti Mid-Western

nervous worker lying herself in
bluffing a drug
be a part apart
jot it down and follow the Yiddish gospel singer out to smoke

outsider art created inside a wall
warped mirror lightning again
Congratulations from the table of friends
Who fade into chit chat

5.

espresso hasn't fully degassed
so there's no crème on their shots

6.

continuous city
hugging open a poet
exploding open three poets
for a whirl of wit and nervous giving
hoping a spot has been reserved
keeping friends
flowering a thought to repeat and turn into
a turning into
poet

<u>Chicago Story</u>

The woman that used to live next to me in my old building was this old lady named Frieda. Though I called her Lovely Frieda, she was everything but. She earned the moniker by fondling herself on our shared patio, directly in the only path to my door, and shouting insults at me as I went by.

"You fat piece of shit. Lose some weight," she'd yell as I went by with a handful of herself.

"Lovely to see you, too, Frieda," I'd respond.

When I moved into the building, I was a student and was actually pretty fat at the time. After a few months in the city, I found myself a job in a kitchen so I'd go to school from 8 am to 3 pm then head to work and be there to one or two in the morning, depending on who I was working with. I'd come home at 1am and Lovely Frieda would be outside our doors smoking and shouting, "you fat fuck. Do us all a favor and starve."

Good ol' reliable Frieda.

I went to school Monday through Friday and worked Monday through Saturday and the money I earned at that job went to drink and very rarely food. After a few months of this, my body started displaying the abuse I inflicted on it. I had dropped at least fifty pounds which made me look visibly healthier.

One morning, on my way to class, Frieda noticed me coming and began her tirade.

"You drunken mother fucker. Where is your shame?"

"Good morning, Frieda," I habitually responded.

It wasn't until the train ride to work that afternoon that I realized that, for the first time, Lovely Frieda hadn't mentioned my weight during her berating.

That was the peek for me, physically, being able to walk past some old bitty without her mentioning my weight.

I now live a fairly normal life and have gained a lot of that weight back but Frieda died two years ago so she can fuck right off about it.

Untitled

With determination
we invent
ourselves.

With desperation
we invent
each other.

Nobody really knows each other.
That's why we don't get along.

With years of
hard work

and days of
looking the other way

we drift a little farther
towards the
intangible.

We find ourselves
alone

with nothing but
half a pack of smokes
and
an empty bottle of wine

and

after a lifetime of this
you realize

everybody falls asleep
crying

at just the right time.

<u>Destination</u>

everybody's leaning forward-
pushing themselves to
accomplish.
i'm leaning back-
taking it all on.
they want to get somewhere.
i wanna see who ends up
where.
it's not that I don't have dreams
-i do-
my dream is to watch
-to disconnect-

<u>America</u>

song trickling through streets
forgetting America
unnoticed changes

streets writhe
foaming Christ
rhythm generating

hands unfurling
spreading seeds in
wind of defiance

where love is manufactured
hope wears down
helping the song

strong song towing us
fulfilled prophecies touch
rioting in streets demand

death dancing rages
forging alliance
with the wind

Haiku

I wish my dentist
was a wise man but he's not
he is a pervert

Panther Creek

Indifferent sun
yawning a bleach wash
concussive heat.

Big sky's too distracted
shaping clouds into wisps of
covert moments of unrealized memory.

Tall grass and nature
reclaiming a moonshiner's set-up
run by Sasquatch stories.
It's all still out there.
Trucks, foundations, stills, trunks of jars.
Jumble, forgetting its purpose
trekking
Serpentine myth made into fish fight
bigger than a dog.

Downhome
and way out,
we congratulate creation
and allow the roads to bake.
It's a testament that won't hold on.

Grandparents leaving, let us walk.
You can't find this anywhere else
and I never realized how important it all was until now.

Moon Room Variations

1.

Moon clamors down
glamour brown living
the eternal moon town
drying up at last.
Suicidal passages
coalescing into a
transsexual meatball night.
Weed out a window
and it's time for
adult swim and
painting in the morning.

2.

Suicidal moon
transsexual clamors down adult painting
into a meatball living for time. It's a window
and in the morning glamour
brown passages weed out town. Last night the moon
and eternal coalescing
swim up at drying

3.

transsexual   it's
coalescing   time
painting
meatball   and
window
suicidal   for
passagesliving
glamour   brown
eternal   swim
morning
clamors
night   and   moon   town
down   adult   last
out
weed   up
into
moon   drying
the
the
in
at
a
a

4.

Clamors a transsexual into a window for the moon-
at last, it's time and swim up drying tomorrow.
Eternal weed,
                painting passages,
                          living morning.
Adult coalescing down
suicidal glamour.
Brown out moon and
meatball night town.

<u>Untitled</u>

Be patient.
>Life happens slowly.

Be of service.
>We all exist together.

Be frugal.
>Everything in life is some sort of loss.

Be open
>so you can flow into everything.

Be attentive.
>People are slipping all the time.

Be unknowing.
>You will never stop growing that way.

Be generous.
>This bastard needs another beer.

Corso's Meal

The king's finest dance
as the robes wrap around plates
of emptied plans.

Moonshine liquor's
working quicker
than the moonshine pushing
city's wandering diners.

Silverware flooding cut inclusion
or sharing if they want.

Cigarettes don't.

I stop to take a breath.

Canned corn flood
illuminating meat dream
and thinking of
tomorrow's work to be done.

My wife's for a phone call
and stops paying attention.
Tongue work bracing for the food steps.

I chew up my details
then sleep off pounding meal
as it races the liquor.

Tallula, Illinois

— for Vic Chesnutt

Train ride back home from city…

Passing fall-grey decaying yards.

How I wish to return to them,

to live again in them.

What was here before?

Halloween leaf-brain motel-town mind
noticing tumble-down leaf assortment
because dying is refreshing.

Blame river time for espresso lonesome.
-Rejuvenation-
When a natural flame of woods walks by,
you go along thinking
the 8 foot-tall legend
has just been in these parts
leaving prints and howling

What was here before
the snow struggling to keep
while a lifetime represented in the summer-porch's

ashtrays

and rum and cardboard mattress.

We

talked about it.
Repeats to "Speeding Motorcycle" movie of to and from a liberating
job.

What was here before?

The years spent alone
are my most formative.
Who's to stop me when I'm alone?
I just blow up.
The time is best represented by an American flag flapping in the
relentless snow with a spotlight illuminating it's dancing and I am
watching, trying to fall asleep, in the truck I'm calling home

with

                                        Frank O'Hara, Bukowski,
Cliff Weber, Corso.
                    What was here before?

Video camera capturing town's suicidal complacency mounted in
the back of a truck

            rusting with the town

and it means something.
Drive 15 miles and you
don't pass a single house.
"WAR" spray-painted on stop sign of vacant intersection. An empty
gesture, yet

                                        it means
                                        something.
                                        There's a strange
                                        and inexplicable
                                        beauty in it.

            Are we the first to see it?

The only movement as the town gives up
is the lawn-mower retard meandering streets
shared w/ stray dogs who all mean something.

I need to get fucked up
in the luxury moldering into the relentless stillness of the
eccentrically plain. The normal. Bland.

What was here before?

Hot Rats
          attempts to start an artist.

It'll all be parading Big Black

                                                                    and

fleets of poverty lessons

with life blooming into freedom

              The images flash by like
        a thousand different kinds of birds singing
                    at the same time
              What was here before?

Love is realizing that you probably can't do too much better. That's
where the rust begins.
The floor is slanting, buckling, and chew-spit filling a dream
murdered by compromise. Note.

Repeat all of this indefinitely until it catches on. Love is an
albatross. Dreams walk out on you
if you ignore them and you turn your back to wasting and fall away a
little more as time goes by.
It's an air-conditioned addiction by now but don't forget to

              return to fall-grey decaying yards
                on a train ride back to city.

What was here before?

"Poetry Came from this Night, After All"

– for my Circle Jerks

10:30 walk home
in streetlight's orangey-blue glow
boots quick in time with
"Blackwater" by Eno
smoke mingling with winter's breath

I hate myself
and you let me

Cut Your Cock Off For Christ

You call me crazy
but you cut your cock off
for Christ.

Whistling Asshole

You ever heard an asshole whistle? Come to work with me and I'll introduce you to Chandler. He's really not a bad guy or anything-- he did his fair share of the work—it's just that everywhere that asshole went, he'd whistle this stupid little ditty, "Take Me Out to the Ballgame," I think. He whistled it at our friend's funeral, at the gym, in the car ride to work, everywhere and it annoyed the shit out of me. Everybody else thought it was so charming, they'd approach him at the grocery store or at some park and they'd hear him whistling and they'd be reminded of their grandmother or somebody but I found it irritating as hell and he knew it. I told him a hundred times but he still went on whistling—the asshole— whenever we were near each other. That's why he's a goddamn whistling asshole.

"Chandler," I'd say to him, "stop your goddamn whistling. I'm trying to concentrate on my work."

His response was always, "ya gotta remain positive and the best way to stay positive is to have a song in your heart."

"Well, keep your song in your damn heart and off your lips," I'd say.

Then he'd look at me, smile, and start whistling his song from the beginning, that fucking asshole.

So, after this really long and rough day at work, a few of us went out for a few drinks. Chandler, the whistling asshole was in attendance. We would usually go to this subterranean dive to drink our beers in the dark solitude but, on this particular night, the underground bar had flooded and was filled with about two feet of water so we decided to try a slightly nicer place a few blocks away.

As we approach the bar, we are unsure if the place is even open because there were no smokers out front but as we approached, the big front windows showed the place was hopping so we went in.

The patrons were much younger—mostly clean—looking college kids or people with that whole country-chic thing going with their cowboy boots shining and their jeans they purchased with clean-cut holes in them. The music was some generic 90's alt. hit and it was very loud and filled this bar's massive interior.

We approached the bar and gazed up at the various bottles, most not even opened. Chandler whistled a high-to-low note of amazement which shot through my nerves and immediately made me want to brain the fucker but I didn't-never have, probably never will.

After we all got our beers, we located a table between the bathrooms and an out-of-order jukebox.

"Weird place," somebody tried saying over the noise.

"What's that?" we'd reply.

We gave up after awhile.

Let me tell you, nothing makes you feel older than sitting around a table at a bar in silence with co-workers because the music is too loud to hear the conversation.

I looked over at Chandler and saw his lips pursed and, even though I couldn't hear it, I knew he was whistling and I could barely handle it.

To distract myself, I started scanning the bar-goers.

Now, see, Chandler's got a wife. She's a real knockout and way out of his league, long legs, a big, shapely ass, and red hair that goes down her back. We never knew how he managed to bag a babe like that, his money, probably. She was a real flirt and we'd always tease Chandler about his wife running around behind his back. I, for one, admit I wasn't teasing so much as hoping she was cheating on him, if I'm being honest, because she was just too out of his league. Well, my lucky stars must have been in alignment or whatever because sitting in the opposite corner of the bar with some guy in a suit was Chandler the Whistling Asshole's wife.

I reached over and gave Chandler a nudge and pointed to the woman. He looked and his face started to droop. Eventually, his lips let go. I had finally defeated that goddamn whistling.

The following weekend, we all agreed to help move Chandler out of the house he had been sharing with his soon-to-be ex-wife and into his new apartment, closer to work, cheaper. We made quick work of the job because he didn't really own much. He didn't even take the mattress—he left it with his two-timing wife and her new man. Just a few boxes of clothes, some video tapes, and the couch from the garage.

After we'd finished hauling the couch into the reluctant bachelor's new pad, I realized Chandler hadn't whistled a single note all day and, for that matter, he hadn't at all since the night at the bar.

With a slap on the back, I asked Chandler, "not much of a song left in the ol' heart, eh?"

With an unconvincing grin spreading slowly across his face, he turned to me and said, "gotta stay positive," and started in with the goddamned fucking whistling.

Window Birds

sitting at window
       window at street-level
street-level window with nothing there
       world outside window
enormous vacant window
       window for the birds
          birds at window
no communication
         with birds at window
no exchange-no conversation

how we know
       birds don't have gods
remains mystery
       mysterious birds at window
mystery of the bird's life
       reality is different
for everyone
       different for birds
do birds do what we do
       I see the
birds eating bugs
       do bugs have
mental disabilities
       have you ever
seen a disabled insect
       wonder
how we know
       birds houses aren't cleaner
remains mystery
       mysterious bird houses
mystery of the bird's life
       bird's life is god
simple religion of birds

                    god is different
for everyone
                    different for birds
do birds do what we do
                    make our own gods
make a world
                    full of conflict
how would birds keep going
                    make your birds
talk to god
                    god at window
birds eating bugs
                    do bugs have
messy gods
                    have you ever
seen a bird clean it's house
                    insects eating garbage
avoiding birds
                    by sitting with
garbage filling house

Scream as You Leave

I wish I had the strength
        to commit suicide
        but I don't.

Bet if I did, I'd think it was
        unnecessary.
        So, instead,
        I'm stuck here.

With my notebook and booze,
        only a few people
        willing to read my shit.
        What keeps people going?

What I'm doing is important, right?
        Some of the best
        offed themselves,
        you know?

Stanford used three bullets to the heart.
Mayakovsky shot himself, too.
Lindsay poured lysol down his throat.
Kees and Berryman jumped off bridges.
Crane jumped into the Gulf of Mexico.
Plath, Crevel, and Hastings gassed themselves away.
        Made them legends.
        What keeps anyone around?
        How many poets cry

and how am I any different?

Untitled

words sketching
      people I've never met
  hiding in
      everybody
  I've ever known
      Joining their hands
        into pages of a book
until I can fall asleep again

Lost in the Funhouse

— for Andy Kaufman

Hope is a trick mirror
      making everybody look different at first, I guess.
A distorted image of themselves that intrigues
      but as you progress, their true identity emerges.
It's a lot less exciting than what you saw at first.
      Less unique and fascinating.
Less different.
      You need to be definable in ways that cannot be explained.

It's difficult to find your footing
      as the floor drops out and cookie moon swings overhead.
Travel is uncertain.
      The music blares and the lights dazzle
as you enter the maze
      which seems confusing but is, in fact, the same for
everybody.

There's only one true path through
      and it terminates at the same place for everybody:
the exit.
      You joke and laugh on the way,
trying to have a good time.
      It's forced.
People claiming to be enjoying themselves are lying.

The funhouse seems exciting at first
      but as you go, you realize that it isn't any fun
and begin questioning why you even bothered with it in the first
place.
      It's not like entering was your idea though.
You had no say in the decision but you're here now.
      Nothing you can do now but finish somehow.

Construct an illusion because
       inferiority overlaps sincerity
when realistic presentation diverting humility
       nobody loves a "that guy"
and wanting no harm but to play with people
       even if a reality hurts,
create your own.
       You need to be similar in ways that cannot be explained.

Communicate through an illusion,
       even if a normal conversation never happened before
don't bother learning any
       be what they want from you
it's easier than correcting them
       construction of an audience of selves
to absorb a scared tinted of trying
       trying
trying to deliver a sentiment
       or humanity strikes against honesty
I'm trying
       you need to be better in ways that cannot be explained

but understanding of such attempts opens a stage of the world
       and life's a performance
they can't hate you if they don't know the real you
       can't hate myself if I've lost track of the real me
I've been falling so long
       that falling seems like growing
crack a smile
       and pour all the pain in
lights
camera
action
namu myoho renge kyo namu myoho renge kyo namu myoho renge
kyo namu myoho renge kyo

namu myoho renge kyo namu myoho renge kyo namu myoho renge
kyo namu myoho renge kyo
namu myoho renge kyo namu myoho renge kyo namu myoho renge
kyo namu myoho renge kyo
namu myoho renge kyo namu myoho renge kyo namu myoho renge
kyo namu myoho renge kyo
namu myoho renge kyo namu myoho renge kyo
namu myoho renge kyo
namu myoho renge kyo namu myoho renge kyo namu myoho renge
kyo namu myoho renge kyo
namu myoho renge kyo namu myoho renge kyo namu myoho renge
kyo namu myoho renge kyo
namu myoho renge kyo namu myoho renge kyo namu myoho renge
kyo namu myoho renge kyo
namu myoho renge kyo namu myoho renge kyo namu myoho renge
kyo namu myoho renge kyo
namu myoho renge kyo namu myoho renge kyo namu myoho renge
kyo namu myoho renge kyo
namu myoho renge kyo namu myoho renge kyo namu myoho renge
kyo namu myoho renge kyo
namu myoho renge kyo namu myoho renge kyo namu myoho renge
kyo namu myoho renge kyo
namu myoho renge kyo   namu myoho renge
kyo namu myoho renge kyo
namu myoho renge kyo   namu myoho renge
kyo namu myoho renge kyo
namu myoho renge kyo namu myoho renge kyo namu myoho renge
kyo namu myoho renge kyo
namu myoho renge kyo namu myoho renge kyo namu myoho renge
kyo namu myoho renge kyo
namu myoho renge kyo namu myoho renge kyo namu myoho renge
kyo namu myoho renge kyo
namu myoho renge kyo namu myoho renge kyo namu myoho renge
kyo namu myoho renge kyo
namu myoho renge kyo namu myoho renge kyo
namu myoho renge kyo namu myoho renge kyo

namu myoho renge kyo namu myoho renge kyo namu myoho renge
kyo namu myoho renge kyo namu myoho renge kyo namu myoho
renge kyo
namu myoho renge kyo namu myoho renge kyo namu myoho renge
kyo namu myoho renge kyo
                              namu myoho renge kyo namu myoho renge
kyo namu myoho renge kyo
namu myoho renge kyo namu myoho renge kyo namu myoho renge
kyo namu myoho renge kyo
namu myoho renge kyo namu myoho renge kyo namu myoho renge
kyo namu myoho renge kyo
namu myoho renge kyo namu myoho renge kyo namu myoho renge
kyo namu myoho renge kyo
namu myoho renge kyo namu myoho renge kyo namu myoho renge
kyo namu myoho renge kyo
namu myoho renge kyo namu myoho renge kyo namu myoho renge
kyo namu myoho renge kyo
namu myoho renge kyo namu myoho renge kyo namu myoho renge
kyo namu myoho renge kyo
namu myoho renge kyo namu myoho renge kyo namu myoho renge
kyo namu myoho renge kyo
namu myoho renge kyo namu myoho renge kyo namu myoho renge
kyo namu myoho renge kyo
namu myoho renge kyo namu myoho renge kyo namu myoho renge
kyo namu myoho renge kyo
namu myoho renge kyo namu myoho renge kyo namu myoho renge
kyo namu myoho renge kyo
namu myoho renge kyo namu myoho renge kyo namu myoho renge
kyo namu myoho renge kyo
                              namu myoho renge kyo namu myoho renge
kyo namu myoho renge kyo
                              namu myoho renge kyo namu myoho renge
kyo namu myoho renge kyo
                              namu myoho renge kyo namu myoho renge
kyo namu myoho renge kyo

namu myoho renge kyo namu myoho renge kyo namu myoho renge
kyo namu myoho renge kyo
namu myoho renge kyo namu myoho renge kyo namu myoho renge
kyo namu myoho renge kyo
namu myoho renge kyo namu myoho renge kyo namu myoho renge
kyo namu myoho renge kyo
namu myoho renge kyo namu myoho renge kyo namu myoho renge
kyo namu myoho renge kyo
namu myoho renge kyo namu myoho renge kyo
namu myoho renge kyo
namu myoho renge kyo namu myoho renge kyo namu myoho renge
kyo namu myoho renge kyo
namu myoho renge kyo namu myoho renge kyo namu myoho renge
kyo namu myoho renge kyo
namu myoho renge kyo namu myoho renge kyo namu myoho renge
kyo namu myoho renge kyo
namu myoho renge kyo namu myoho renge kyo namu myoho renge
kyo namu myoho renge kyo
namu myoho renge kyo namu myoho renge kyo namu myoho renge
kyo namu myoho renge kyo
namu myoho renge kyo namu myoho renge kyo namu myoho renge
kyo namu myoho renge kyo
namu myoho renge kyo namu myoho renge kyo namu myoho renge
kyo namu myoho renge kyo
namu myoho renge kyo namu myoho renge kyo namu myoho renge
kyo namu myoho renge kyo
namu myoho renge kyo namu myoho renge kyo namu myoho renge
kyo namu myoho renge kyo
namu myoho renge kyo namu myoho renge kyo namu myoho renge
kyo namu myoho renge kyo
namu myoho renge kyo namu myoho renge kyo namu myoho renge
kyo namu myoho renge kyo
namu myoho renge kyo namu myoho renge kyo namu myoho renge
kyo namu myoho renge kyo

namu myoho renge kyo namu myoho renge kyo namu myoho renge
kyo namu myoho renge kyo
namu myoho renge kyo namu myoho renge kyo namu myoho renge
kyo namu myoho renge kyo
namu myoho renge kyo namu myoho renge kyo namu myoho renge
kyo namu myoho renge kyo
namu myoho renge kyo namu myoho renge kyo namu myoho renge
kyo namu myoho renge kyo
namu myoho renge kyo namu myoho renge kyo namu myoho renge
kyo namu myoho renge kyo
namu myoho renge kyo namu myoho renge kyo namu myoho renge
kyo namu myoho renge kyo
namu myoho renge kyo namu myoho renge kyo namu myoho renge
kyo namu myoho renge kyo
namu myoho renge kyo namu myoho renge kyo namu myoho renge
kyo namu myoho renge kyo
namu myoho renge kyo namu myoho renge kyo namu myoho renge
kyo namu myoho renge kyo
namu myoho renge kyo namu myoho renge kyo namu myoho renge
kyo namu myoho renge kyo
namu myoho renge kyo namu myoho renge kyo namu myoho renge
kyo namu myoho renge kyo
namu myoho renge kyo namu myoho renge kyo namu myoho renge
kyo namu myoho renge kyo
namu myoho renge kyo namu myoho renge kyo namu myoho renge
kyo namu myoho renge kyo
namu myoho renge kyo namu myoho renge kyo namu myoho renge
kyo namu myoho renge kyo
namu myoho renge kyo namu myoho renge kyo namu myoho renge
kyo namu myoho renge kyo
namu myoho renge kyo namu myoho renge kyo namu myoho renge
kyo namu myoho renge kyo
namu myoho renge kyo namu myoho renge kyo namu myoho renge
kyo namu myoho renge kyo

namu myoho renge kyo namu myoho renge kyo namu myoho renge
kyo namu myoho renge kyo
namu myoho renge kyo namu myoho renge kyo namu myoho renge
kyo namu myoho renge kyo
namu myoho renge kyo namu myoho renge kyo namu myoho renge
kyo namu myoho renge kyo
namu myoho renge kyo namu myoho renge kyo namu myoho renge
kyo namu myoho renge kyo

      namu myoho renge kyo namu myoho renge kyo namu
myoho renge kyo namu myoho renge kyo
namu myoho renge kyo namu myoho renge kyo namu myoho renge
kyo namu myoho renge kyo
namu myoho renge kyo namu myoho renge kyo namu myoho renge
kyo namu myoho renge kyo
namu myoho renge kyo namu myoho renge kyo namu myoho renge
kyo namu myoho renge kyo
namu myoho renge kyo namu myoho renge kyo namu myoho renge
kyo namu myoho renge kyo
namu myoho renge kyo namu myoho renge kyo namu myoho renge
kyo namu myoho renge kyo
namu myoho renge kyo namu myoho renge kyo namu myoho renge
kyo namu myoho renge kyo
namu myoho renge kyo namu myoho renge kyo
namu myoho renge kyo namu myoho renge kyo
namu myoho renge kyo namu myoho renge kyo namu myoho renge
kyo namu myoho renge kyo
namu myoho renge kyo namu myoho renge kyo namu myoho renge
kyo namu myoho renge kyo
namu myoho renge kyo namu myoho renge kyo namu myoho renge
kyo namu myoho renge kyo
namu myoho renge kyo namu myoho renge kyo namu myoho renge
kyo namu myoho renge kyo
namu myoho renge kyo namu myoho renge kyo namu myoho renge
kyo namu myoho renge kyo

namu myoho renge kyo namu myoho renge kyo namu myoho renge
kyo namu myoho renge kyo
namu myoho renge kyo namu myoho renge kyo namu myoho renge
kyo namu myoho renge kyo
namu myoho renge kyo namu myoho renge kyo namu myoho renge
kyo namu myoho renge kyo
namu myoho renge kyo namu myoho renge kyo
namu myoho renge kyo
namu myoho renge kyo namu myoho renge kyo namu myoho renge
kyo namu myoho renge kyo
namu myoho renge kyo namu myoho renge kyo namu myoho renge
kyo namu myoho renge kyo
namu myoho renge kyo namu myoho renge kyo namu myoho renge
kyo namu myoho renge kyo
namu myoho renge kyo namu myoho renge kyo namu myoho renge
kyo namu myoho renge kyo
namu myoho renge kyo namu myoho renge kyo namu myoho renge
kyo namu myoho renge kyo
namu myoho renge kyo namu myoho renge kyo namu myoho renge
kyo namu myoho renge kyo
namu myoho renge kyo namu myoho renge kyo namu myoho renge
kyo namu myoho renge kyo
namu myoho renge kyo   namu myoho renge
kyo namu myoho renge kyo
namu myoho renge kyo   namu myoho renge
kyo namu myoho renge kyo
namu myoho renge kyo namu myoho renge kyo namu myoho renge
kyo namu myoho renge kyo
namu myoho renge kyo namu myoho renge kyo namu myoho renge
kyo namu myoho renge kyo
namu myoho renge kyo namu myoho renge kyo namu myoho renge
kyo namu myoho renge kyo
namu myoho renge kyo namu myoho renge kyo namu myoho renge
kyo namu myoho renge kyo
namu myoho renge kyo namu myoho renge kyo
namu myoho renge kyo namu myoho renge kyo

namu myoho renge kyo namu myoho renge kyo namu myoho renge
kyo namu myoho renge kyo namu myoho renge kyo namu myoho
renge kyo
namu myoho renge kyo namu myoho renge kyo namu myoho renge
kyo namu myoho renge kyo
                              namu myoho renge kyo namu myoho renge
kyo namu myoho renge kyo
namu myoho renge kyo namu myoho renge kyo namu myoho renge
kyo namu myoho renge kyo
namu myoho renge kyo namu myoho renge kyo namu myoho renge
kyo namu myoho renge kyo
namu myoho renge kyo namu myoho renge kyo namu myoho renge
kyo namu myoho renge kyo
namu myoho renge kyo namu myoho renge kyo namu myoho renge
kyo namu myoho renge kyo
namu myoho renge kyo namu myoho renge kyo namu myoho renge
kyo namu myoho renge kyo
namu myoho renge kyo namu myoho renge kyo namu myoho renge
kyo namu myoho renge kyo
namu myoho renge kyo namu myoho renge kyo namu myoho renge
kyo namu myoho renge kyo
namu myoho renge kyo namu myoho renge kyo namu myoho renge
kyo namu myoho renge kyo
namu myoho renge kyo namu myoho renge kyo namu myoho renge
kyo namu myoho renge kyo
namu myoho renge kyo namu myoho renge kyo namu myoho renge
kyo namu myoho renge kyo
namu myoho renge kyo namu myoho renge kyo namu myoho renge
kyo namu myoho renge kyo
                              namu myoho renge kyo namu myoho renge
kyo namu myoho renge kyo
                              namu myoho renge kyo namu myoho renge
kyo namu myoho renge kyo
                              namu myoho renge kyo namu myoho renge
kyo namu myoho renge kyo

namu myoho renge kyo namu myoho renge kyo namu myoho renge
kyo namu myoho renge kyo
namu myoho renge kyo namu myoho renge kyo namu myoho renge
kyo namu myoho renge kyo
namu myoho renge kyo namu myoho renge kyo namu myoho renge
kyo namu myoho renge kyo
namu myoho renge kyo namu myoho renge kyo namu myoho renge
kyo namu myoho renge kyo
namu myoho renge kyo namu myoho renge kyo
namu myoho renge kyo
namu myoho renge kyo namu myoho renge kyo namu myoho renge
kyo namu myoho renge kyo
namu myoho renge kyo namu myoho renge kyo namu myoho renge
kyo namu myoho renge kyo
namu myoho renge kyo namu myoho renge kyo namu myoho renge
kyo namu myoho renge kyo
namu myoho renge kyo namu myoho renge kyo namu myoho renge
kyo namu myoho renge kyo
namu myoho renge kyo namu myoho renge kyo namu myoho renge
kyo namu myoho renge kyo
namu myoho renge kyo namu myoho renge kyo namu myoho renge
kyo namu myoho renge kyo
namu myoho renge kyo namu myoho renge kyo namu myoho renge
kyo namu myoho renge kyo
namu myoho renge kyo namu myoho renge kyo namu myoho renge
kyo namu myoho renge kyo
namu myoho renge kyo namu myoho renge kyo namu myoho renge
kyo namu myoho renge kyo
namu myoho renge kyo namu myoho renge kyo namu myoho renge
kyo namu myoho renge kyo
namu myoho renge kyo namu myoho renge kyo namu myoho renge
kyo namu myoho renge kyo
namu myoho renge kyo namu myoho renge kyo namu myoho renge
kyo namu myoho renge kyo

namu myoho renge kyo namu myoho renge kyo namu myoho renge
kyo namu myoho renge kyo
namu myoho renge kyo namu myoho renge kyo namu myoho renge
kyo namu myoho renge kyo
namu myoho renge kyo namu myoho renge kyo namu myoho renge
kyo namu myoho renge kyo
namu myoho renge kyo namu myoho renge kyo namu myoho renge
kyo namu myoho renge kyo
namu myoho renge kyo namu myoho renge kyo namu myoho renge
kyo namu myoho renge kyo
namu myoho renge kyo namu myoho renge kyo namu myoho renge
kyo namu myoho renge kyo
namu myoho renge kyo namu myoho renge kyo namu myoho renge
kyo namu myoho renge kyo
namu myoho renge kyo namu myoho renge kyo namu myoho renge
kyo namu myoho renge kyo
namu myoho renge kyo namu myoho renge kyo namu myoho renge
kyo namu myoho renge kyo
namu myoho renge kyo namu myoho renge kyo namu myoho renge
kyo namu myoho renge kyo
namu myoho renge kyo namu myoho renge kyo namu myoho renge
kyo namu myoho renge kyo
namu myoho renge kyo namu myoho renge kyo namu myoho renge
kyo namu myoho renge kyo
namu myoho renge kyo namu myoho renge kyo namu myoho renge
kyo namu myoho renge kyo
namu myoho renge kyo namu myoho renge kyo namu myoho renge
kyo namu myoho renge kyo
namu myoho renge kyo namu myoho renge kyo namu myoho renge
kyo namu myoho renge kyo
namu myoho renge kyo namu myoho renge kyo namu myoho renge
kyo namu myoho renge kyo
namu myoho renge kyo namu myoho renge kyo namu myoho renge
kyo namu myoho renge kyo
namu myoho renge kyo namu myoho renge kyo namu myoho renge
kyo namu myoho renge kyo

namu myoho renge kyo namu myoho renge kyo namu myoho renge
kyo namu myoho renge kyo
namu myoho renge kyo namu myoho renge kyo namu myoho renge
kyo namu myoho renge kyo
namu myoho renge kyo namu myoho renge kyo namu myoho renge
kyo namu myoho renge kyo
namu myoho renge kyo namu myoho renge kyo namu myoho renge
kyo namu myoho renge kyo

      namu myoho renge kyo namu myoho renge kyo namu
myoho renge kyo namu myoho renge kyo
namu myoho renge kyo namu myoho renge kyo namu myoho renge
kyo namu myoho renge kyo
namu myoho renge kyo namu myoho renge kyo namu myoho renge
kyo namu myoho renge kyo
namu myoho renge kyo namu myoho renge kyo namu myoho renge
kyo namu myoho renge kyo
namu myoho renge kyo namu myoho renge kyo namu myoho renge
kyo namu myoho renge kyo
namu myoho renge kyo namu myoho renge kyo namu myoho renge
kyo namu myoho renge kyo
namu myoho renge kyo namu myoho renge kyo namu myoho renge
kyo namu myoho renge kyo
namu myoho renge kyo namu myoho renge kyo
namu myoho renge kyo namu myoho renge kyo
namu myoho renge kyo namu myoho renge kyo namu myoho renge
kyo namu myoho renge kyo
namu myoho renge kyo namu myoho renge kyo namu myoho renge
kyo namu myoho renge kyo
namu myoho renge kyo namu myoho renge kyo namu myoho renge
kyo namu myoho renge kyo
namu myoho renge kyo namu myoho renge kyo namu myoho renge
kyo namu myoho renge kyo
namu myoho renge kyo namu myoho renge kyo namu myoho renge
kyo namu myoho renge kyo

namu myoho renge kyo namu myoho renge kyo namu myoho renge
kyo namu myoho renge kyo
namu myoho renge kyo namu myoho renge kyo namu myoho renge
kyo namu myoho renge kyo
namu myoho renge kyo namu myoho renge kyo namu myoho renge
kyo namu myoho renge kyo
namu myoho renge kyo namu myoho renge kyo
namu myoho renge kyo
namu myoho renge kyo namu myoho renge kyo namu myoho renge
kyo namu myoho renge kyo
namu myoho renge kyo namu myoho renge kyo namu myoho renge
kyo namu myoho renge kyo
namu myoho renge kyo namu myoho renge kyo namu myoho renge
kyo namu myoho renge kyo
namu myoho renge kyo namu myoho renge kyo namu myoho renge
kyo namu myoho renge kyo
namu myoho renge kyo namu myoho renge kyo namu myoho renge
kyo namu myoho renge kyo
namu myoho renge kyo namu myoho renge kyo namu myoho renge
kyo namu myoho renge kyo
namu myoho renge kyo namu myoho renge kyo namu myoho renge
kyo namu myoho renge kyo
namu myoho renge kyo   namu myoho renge
kyo namu myoho renge kyo
namu myoho renge kyo   namu myoho renge
kyo namu myoho renge kyo
namu myoho renge kyo namu myoho renge kyo namu myoho renge
kyo namu myoho renge kyo
namu myoho renge kyo namu myoho renge kyo namu myoho renge
kyo namu myoho renge kyo
namu myoho renge kyo namu myoho renge kyo namu myoho renge
kyo namu myoho renge kyo
namu myoho renge kyo namu myoho renge kyo namu myoho renge
kyo namu myoho renge kyo
namu myoho renge kyo namu myoho renge kyo
namu myoho renge kyo namu myoho renge kyo

namu myoho renge kyo namu myoho renge kyo namu myoho renge
kyo namu myoho renge kyo namu myoho renge kyo namu myoho
renge kyo
namu myoho renge kyo namu myoho renge kyo namu myoho renge
kyo namu myoho renge kyo
                         namu myoho renge kyo namu myoho renge
kyo namu myoho renge kyo
namu myoho renge kyo namu myoho renge kyo namu myoho renge
kyo namu myoho renge kyo
namu myoho renge kyo namu myoho renge kyo namu myoho renge
kyo namu myoho renge kyo
namu myoho renge kyo namu myoho renge kyo namu myoho renge
kyo namu myoho renge kyo
namu myoho renge kyo namu myoho renge kyo namu myoho renge
kyo namu myoho renge kyo
namu myoho renge kyo namu myoho renge kyo namu myoho renge
kyo namu myoho renge kyo
namu myoho renge kyo namu myoho renge kyo namu myoho renge
kyo namu myoho renge kyo
namu myoho renge kyo namu myoho renge kyo namu myoho renge
kyo namu myoho renge kyo
namu myoho renge kyo namu myoho renge kyo namu myoho renge
kyo namu myoho renge kyo
namu myoho renge kyo namu myoho renge kyo namu myoho renge
kyo namu myoho renge kyo
namu myoho renge kyo namu myoho renge kyo namu myoho renge
kyo namu myoho renge kyo
namu myoho renge kyo namu myoho renge kyo namu myoho renge
kyo namu myoho renge kyo
                         namu myoho renge kyo namu myoho renge
kyo namu myoho renge kyo
                         namu myoho renge kyo namu myoho renge
kyo namu myoho renge kyo
                         namu myoho renge kyo namu myoho renge
kyo namu myoho renge kyo

namu myoho renge kyo namu myoho renge kyo namu myoho renge
kyo namu myoho renge kyo
namu myoho renge kyo namu myoho renge kyo namu myoho renge
kyo namu myoho renge kyo
namu myoho renge kyo namu myoho renge kyo namu myoho renge
kyo namu myoho renge kyo
namu myoho renge kyo namu myoho renge kyo namu myoho renge
kyo namu myoho renge kyo
namu myoho renge kyo namu myoho renge kyo
namu myoho renge kyo
namu myoho renge kyo namu myoho renge kyo namu myoho renge
kyo namu myoho renge kyo
namu myoho renge kyo namu myoho renge kyo namu myoho renge
kyo namu myoho renge kyo
namu myoho renge kyo namu myoho renge kyo namu myoho renge
kyo namu myoho renge kyo
namu myoho renge kyo namu myoho renge kyo namu myoho renge
kyo namu myoho renge kyo
namu myoho renge kyo namu myoho renge kyo namu myoho renge
kyo namu myoho renge kyo
namu myoho renge kyo namu myoho renge kyo namu myoho renge
kyo namu myoho renge kyo
namu myoho renge kyo namu myoho renge kyo namu myoho renge
kyo namu myoho renge kyo
namu myoho renge kyo namu myoho renge kyo namu myoho renge
kyo namu myoho renge kyo
namu myoho renge kyo namu myoho renge kyo namu myoho renge
kyo namu myoho renge kyo
namu myoho renge kyo namu myoho renge kyo namu myoho renge
kyo namu myoho renge kyo
namu myoho renge kyo namu myoho renge kyo namu myoho renge
kyo namu myoho renge kyo
namu myoho renge kyo namu myoho renge kyo namu myoho renge
kyo namu myoho renge kyo

namu myoho renge kyo namu myoho renge kyo namu myoho renge
kyo namu myoho renge kyo
namu myoho renge kyo namu myoho renge kyo namu myoho renge
kyo namu myoho renge kyo
namu myoho renge kyo namu myoho renge kyo namu myoho renge
kyo namu myoho renge kyo
namu myoho renge kyo namu myoho renge kyo namu myoho renge
kyo namu myoho renge kyo
namu myoho renge kyo namu myoho renge kyo namu myoho renge
kyo namu myoho renge kyo
namu myoho renge kyo namu myoho renge kyo namu myoho renge
kyo namu myoho renge kyo
namu myoho renge kyo namu myoho renge kyo namu myoho renge
kyo namu myoho renge kyo
namu myoho renge kyo namu myoho renge kyo namu myoho renge
kyo namu myoho renge kyo
namu myoho renge kyo namu myoho renge kyo namu myoho renge
kyo namu myoho renge kyo
namu myoho renge kyo namu myoho renge kyo namu myoho renge
kyo namu myoho renge kyo
namu myoho renge kyo namu myoho renge kyo namu myoho renge
kyo namu myoho renge kyo
namu myoho renge kyo namu myoho renge kyo namu myoho renge
kyo namu myoho renge kyo
namu myoho renge kyo namu myoho renge kyo namu myoho renge
kyo namu myoho renge kyo
namu myoho renge kyo namu myoho renge kyo namu myoho renge
kyo namu myoho renge kyo
namu myoho renge kyo namu myoho renge kyo namu myoho renge
kyo namu myoho renge kyo
namu myoho renge kyo namu myoho renge kyo namu myoho renge
kyo namu myoho renge kyo
namu myoho renge kyo namu myoho renge kyo namu myoho renge
kyo namu myoho renge kyo

namu myoho renge kyo namu myoho renge kyo namu myoho renge
kyo namu myoho renge kyo
namu myoho renge kyo namu myoho renge kyo namu myoho renge
kyo namu myoho renge kyo
namu myoho renge kyo namu myoho renge kyo namu myoho renge
kyo namu myoho renge kyo
namu myoho renge kyo namu myoho renge kyo namu myoho renge
kyo namu myoho renge kyo

      namu myoho renge kyo namu myoho renge kyo namu
myoho renge kyo namu myoho renge kyo
namu myoho renge kyo namu myoho renge kyo namu myoho renge
kyo namu myoho renge kyo
namu myoho renge kyo namu myoho renge kyo namu myoho renge
kyo namu myoho renge kyo
namu myoho renge kyo namu myoho renge kyo namu myoho renge
kyo namu myoho renge kyo
namu myoho renge kyo namu myoho renge kyo namu myoho renge
kyo namu myoho renge kyo
namu myoho renge kyo namu myoho renge kyo namu myoho renge
kyo namu myoho renge kyo
namu myoho renge kyo namu myoho renge kyo namu myoho renge
kyo namu myoho renge kyo
namu myoho renge kyo namu myoho renge kyo
namu myoho renge kyo namu myoho renge kyo
namu myoho renge kyo namu myoho renge kyo namu myoho renge
kyo namu myoho renge kyo
namu myoho renge kyo namu myoho renge kyo namu myoho renge
kyo namu myoho renge kyo
namu myoho renge kyo namu myoho renge kyo namu myoho renge
kyo namu myoho renge kyo
namu myoho renge kyo namu myoho renge kyo namu myoho renge
kyo namu myoho renge kyo
namu myoho renge kyo namu myoho renge kyo namu myoho renge
kyo namu myoho renge kyo

namu myoho renge kyo namu myoho renge kyo namu myoho renge
kyo namu myoho renge kyo
namu myoho renge kyo namu myoho renge kyo namu myoho renge
kyo namu myoho renge kyo
namu myoho renge kyo namu myoho renge kyo namu myoho renge
kyo namu myoho renge kyo
namu myoho renge kyo namu myoho renge kyo
namu myoho renge kyo
namu myoho renge kyo namu myoho renge kyo namu myoho renge
kyo namu myoho renge kyo
namu myoho renge kyo namu myoho renge kyo namu myoho renge
kyo namu myoho renge kyo
namu myoho renge kyo namu myoho renge kyo namu myoho renge
kyo namu myoho renge kyo
namu myoho renge kyo namu myoho renge kyo namu myoho renge
kyo namu myoho renge kyo
namu myoho renge kyo namu myoho renge kyo namu myoho renge
kyo namu myoho renge kyo
namu myoho renge kyo namu myoho renge kyo namu myoho renge
kyo namu myoho renge kyo
namu myoho renge kyo namu myoho renge kyo namu myoho renge
kyo namu myoho renge kyo
namu myoho renge kyo   namu myoho renge
kyo namu myoho renge kyo
namu myoho renge kyo   namu myoho renge
kyo namu myoho renge kyo
namu myoho renge kyo namu myoho renge kyo namu myoho renge
kyo namu myoho renge kyo
namu myoho renge kyo namu myoho renge kyo namu myoho renge
kyo namu myoho renge kyo
namu myoho renge kyo namu myoho renge kyo namu myoho renge
kyo namu myoho renge kyo
namu myoho renge kyo namu myoho renge kyo namu myoho renge
kyo namu myoho renge kyo
namu myoho renge kyo namu myoho renge kyo
namu myoho renge kyo namu myoho renge kyo

namu myoho renge kyo namu myoho renge kyo namu myoho renge
kyo namu myoho renge kyo namu myoho renge kyo namu myoho
renge kyo
namu myoho renge kyo namu myoho renge kyo namu myoho renge
kyo namu myoho renge kyo
namu myoho renge kyo namu myoho renge
kyo namu myoho renge kyo
namu myoho renge kyo namu myoho renge kyo namu myoho renge
kyo namu myoho renge kyo
namu myoho renge kyo namu myoho renge kyo namu myoho renge
kyo namu myoho renge kyo
namu myoho renge kyo namu myoho renge kyo namu myoho renge
kyo namu myoho renge kyo
namu myoho renge kyo namu myoho renge kyo namu myoho renge
kyo namu myoho renge kyo
namu myoho renge kyo namu myoho renge kyo namu myoho renge
kyo namu myoho renge kyo
namu myoho renge kyo namu myoho renge kyo namu myoho renge
kyo namu myoho renge kyo
namu myoho renge kyo namu myoho renge kyo namu myoho renge
kyo namu myoho renge kyo
namu myoho renge kyo namu myoho renge kyo namu myoho renge
kyo namu myoho renge kyo
namu myoho renge kyo namu myoho renge kyo namu myoho renge
kyo namu myoho renge kyo
namu myoho renge kyo namu myoho renge kyo namu myoho renge
kyo namu myoho renge kyo
namu myoho renge kyo namu myoho renge kyo namu myoho renge
kyo namu myoho renge kyo
namu myoho renge kyo namu myoho renge
kyo namu myoho renge kyo
namu myoho renge kyo namu myoho renge
kyo namu myoho renge kyo
namu myoho renge kyo namu myoho renge
kyo namu myoho renge kyo

namu myoho renge kyo namu myoho renge kyo namu myoho renge
kyo namu myoho renge kyo
namu myoho renge kyo namu myoho renge kyo namu myoho renge
kyo namu myoho renge kyo
namu myoho renge kyo namu myoho renge kyo namu myoho renge
kyo namu myoho renge kyo
namu myoho renge kyo namu myoho renge kyo namu myoho renge
kyo namu myoho renge kyo
namu myoho renge kyo namu myoho renge kyo
namu myoho renge kyo
namu myoho renge kyo namu myoho renge kyo namu myoho renge
kyo namu myoho renge kyo
namu myoho renge kyo namu myoho renge kyo namu myoho renge
kyo namu myoho renge kyo
namu myoho renge kyo namu myoho renge kyo namu myoho renge
kyo namu myoho renge kyo
namu myoho renge kyo namu myoho renge kyo namu myoho renge
kyo namu myoho renge kyo
namu myoho renge kyo namu myoho renge kyo namu myoho renge
kyo namu myoho renge kyo
namu myoho renge kyo namu myoho renge kyo namu myoho renge
kyo namu myoho renge kyo
namu myoho renge kyo namu myoho renge kyo namu myoho renge
kyo namu myoho renge kyo
namu myoho renge kyo namu myoho renge kyo namu myoho renge
kyo namu myoho renge kyo
namu myoho renge kyo namu myoho renge kyo namu myoho renge
kyo namu myoho renge kyo
namu myoho renge kyo namu myoho renge kyo namu myoho renge
kyo namu myoho renge kyo
namu myoho renge kyo namu myoho renge kyo namu myoho renge
kyo namu myoho renge kyo
namu myoho renge kyo namu myoho renge kyo namu myoho renge
kyo namu myoho renge kyo
namu myoho renge kyo namu myoho renge kyo namu myoho renge
kyo namu myoho renge kyo

namu myoho renge kyo namu myoho renge kyo namu myoho renge
kyo namu myoho renge kyo
namu myoho renge kyo namu myoho renge kyo namu myoho renge
kyo namu myoho renge kyo
namu myoho renge kyo namu myoho renge kyo namu myoho renge
kyo namu myoho renge kyo
namu myoho renge kyo namu myoho renge kyo namu myoho renge
kyo namu myoho renge kyo
namu myoho renge kyo namu myoho renge kyo namu myoho renge
kyo namu myoho renge kyo
namu myoho renge kyo namu myoho renge kyo namu myoho renge
kyo namu myoho renge kyo
namu myoho renge kyo namu myoho renge kyo namu myoho renge
kyo namu myoho renge kyo
namu myoho renge kyo namu myoho renge kyo namu myoho renge
kyo namu myoho renge kyo
namu myoho renge kyo namu myoho renge kyo namu myoho renge
kyo namu myoho renge kyo
namu myoho renge kyo namu myoho renge kyo namu myoho renge
kyo namu myoho renge kyo
namu myoho renge kyo namu myoho renge kyo namu myoho renge
kyo namu myoho renge kyo
namu myoho renge kyo namu myoho renge kyo namu myoho renge
kyo namu myoho renge kyo
namu myoho renge kyo namu myoho renge kyo namu myoho renge
kyo namu myoho renge kyo
namu myoho renge kyo namu myoho renge kyo namu myoho renge
kyo namu myoho renge kyo
namu myoho renge kyo namu myoho renge kyo namu myoho renge
kyo namu myoho renge kyo
namu myoho renge kyo namu myoho renge kyo namu myoho renge
kyo namu myoho renge kyo
namu myoho renge kyo namu myoho renge kyo namu myoho renge
kyo namu myoho renge kyo
namu myoho renge kyo namu myoho renge kyo namu myoho renge
kyo namu myoho renge kyo
namu myoho renge kyo namu myoho renge kyo namu myoho renge
kyo namu myoho renge kyo

namu myoho renge kyo namu myoho renge kyo namu myoho renge
kyo namu myoho renge kyo
namu myoho renge kyo namu myoho renge kyo namu myoho renge
kyo namu myoho renge kyo
namu myoho renge kyo namu myoho renge kyo namu myoho renge
kyo namu myoho renge kyo
namu myoho renge kyo namu myoho renge kyo namu myoho renge
kyo namu myoho renge kyo

       namu myoho renge kyo namu myoho renge kyo namu
myoho renge kyo namu myoho renge kyo
namu myoho renge kyo namu myoho renge kyo namu myoho renge
kyo namu myoho renge kyo
namu myoho renge kyo namu myoho renge kyo namu myoho renge
kyo namu myoho renge kyo
namu myoho renge kyo namu myoho renge kyo namu myoho renge
kyo namu myoho renge kyo
namu myoho renge kyo namu myoho renge kyo namu myoho renge
kyo namu myoho renge kyo
namu myoho renge kyo namu myoho renge kyo namu myoho renge
kyo namu myoho renge kyo
namu myoho renge kyo namu myoho renge kyo namu myoho renge
kyo namu myoho renge kyo
namu myoho renge kyo namu myoho renge kyo
namu myoho renge kyo namu myoho renge kyo
namu myoho renge kyo namu myoho renge kyo namu myoho renge
kyo namu myoho renge kyo
namu myoho renge kyo namu myoho renge kyo namu myoho renge
kyo namu myoho renge kyo
namu myoho renge kyo namu myoho renge kyo namu myoho renge
kyo namu myoho renge kyo
namu myoho renge kyo namu myoho renge kyo namu myoho renge
kyo namu myoho renge kyo
namu myoho renge kyo namu myoho renge kyo namu myoho renge
kyo namu myoho renge kyo

namu myoho renge kyo namu myoho renge kyo namu myoho renge
kyo namu myoho renge kyo
namu myoho renge kyo namu myoho renge kyo namu myoho renge
kyo namu myoho renge kyo
namu myoho renge kyo namu myoho renge kyo namu myoho renge
kyo namu myoho renge kyo
namu myoho renge kyo namu myoho renge kyo
namu myoho renge kyo
namu myoho renge kyo namu myoho renge kyo namu myoho renge
kyo namu myoho renge kyo
namu myoho renge kyo namu myoho renge kyo namu myoho renge
kyo namu myoho renge kyo
namu myoho renge kyo namu myoho renge kyo namu myoho renge
kyo namu myoho renge kyo
namu myoho renge kyo namu myoho renge kyo namu myoho renge
kyo namu myoho renge kyo
namu myoho renge kyo namu myoho renge kyo namu myoho renge
kyo namu myoho renge kyo
namu myoho renge kyo namu myoho renge kyo namu myoho renge
kyo namu myoho renge kyo
namu myoho renge kyo namu myoho renge kyo namu myoho renge
kyo namu myoho renge kyo
namu myoho renge kyo   namu myoho renge
kyo namu myoho renge kyo
namu myoho renge kyo   namu myoho renge
kyo namu myoho renge kyo
namu myoho renge kyo namu myoho renge kyo namu myoho renge
kyo namu myoho renge kyo
namu myoho renge kyo namu myoho renge kyo namu myoho renge
kyo namu myoho renge kyo
namu myoho renge kyo namu myoho renge kyo namu myoho renge
kyo namu myoho renge kyo
namu myoho renge kyo namu myoho renge kyo namu myoho renge
kyo namu myoho renge kyo
namu myoho renge kyo namu myoho renge kyo
namu myoho renge kyo namu myoho renge kyo

namu myoho renge kyo namu myoho renge kyo namu myoho renge
kyo namu myoho renge kyo namu myoho renge kyo namu myoho
renge kyo
namu myoho renge kyo namu myoho renge kyo namu myoho renge
kyo namu myoho renge kyo
                              namu myoho renge kyo namu myoho renge
kyo namu myoho renge kyo
namu myoho renge kyo namu myoho renge kyo namu myoho renge
kyo namu myoho renge kyo
namu myoho renge kyo namu myoho renge kyo namu myoho renge
kyo namu myoho renge kyo
namu myoho renge kyo namu myoho renge kyo namu myoho renge
kyo namu myoho renge kyo
namu myoho renge kyo namu myoho renge kyo namu myoho renge
kyo namu myoho renge kyo
namu myoho renge kyo namu myoho renge kyo namu myoho renge
kyo namu myoho renge kyo
namu myoho renge kyo namu myoho renge kyo namu myoho renge
kyo namu myoho renge kyo
namu myoho renge kyo namu myoho renge kyo namu myoho renge
kyo namu myoho renge kyo
namu myoho renge kyo namu myoho renge kyo namu myoho renge
kyo namu myoho renge kyo
namu myoho renge kyo namu myoho renge kyo namu myoho renge
kyo namu myoho renge kyo
namu myoho renge kyo namu myoho renge kyo namu myoho renge
kyo namu myoho renge kyo
namu myoho renge kyo namu myoho renge kyo namu myoho renge
kyo namu myoho renge kyo
                              namu myoho renge kyo namu myoho renge
kyo namu myoho renge kyo
                              namu myoho renge kyo namu myoho renge
kyo namu myoho renge kyo
                              namu myoho renge kyo namu myoho renge
kyo namu myoho renge kyo

namu myoho renge kyo namu myoho renge kyo namu myoho renge
kyo namu myoho renge kyo
namu myoho renge kyo namu myoho renge kyo namu myoho renge
kyo namu myoho renge kyo
namu myoho renge kyo namu myoho renge kyo namu myoho renge
kyo namu myoho renge kyo
namu myoho renge kyo namu myoho renge kyo namu myoho renge
kyo namu myoho renge kyo
namu myoho renge kyo namu myoho renge kyo
namu myoho renge kyo
namu myoho renge kyo namu myoho renge kyo namu myoho renge
kyo namu myoho renge kyo
namu myoho renge kyo namu myoho renge kyo namu myoho renge
kyo namu myoho renge kyo
namu myoho renge kyo namu myoho renge kyo namu myoho renge
kyo namu myoho renge kyo
namu myoho renge kyo namu myoho renge kyo namu myoho renge
kyo namu myoho renge kyo
namu myoho renge kyo namu myoho renge kyo namu myoho renge
kyo namu myoho renge kyo
namu myoho renge kyo namu myoho renge kyo namu myoho renge
kyo namu myoho renge kyo
namu myoho renge kyo namu myoho renge kyo namu myoho renge
kyo namu myoho renge kyo
namu myoho renge kyo namu myoho renge kyo namu myoho renge
kyo namu myoho renge kyo
namu myoho renge kyo namu myoho renge kyo namu myoho renge
kyo namu myoho renge kyo
namu myoho renge kyo namu myoho renge kyo namu myoho renge
kyo namu myoho renge kyo
namu myoho renge kyo namu myoho renge kyo namu myoho renge
kyo namu myoho renge kyo
namu myoho renge kyo namu myoho renge kyo namu myoho renge
kyo namu myoho renge kyo

namu myoho renge kyo namu myoho renge kyo namu myoho renge
kyo namu myoho renge kyo
namu myoho renge kyo namu myoho renge kyo namu myoho renge
kyo namu myoho renge kyo
namu myoho renge kyo namu myoho renge kyo namu myoho renge
kyo namu myoho renge kyo
namu myoho renge kyo namu myoho renge kyo namu myoho renge
kyo namu myoho renge kyo
namu myoho renge kyo namu myoho renge kyo namu myoho renge
kyo namu myoho renge kyo
namu myoho renge kyo namu myoho renge kyo namu myoho renge
kyo namu myoho renge kyo
namu myoho renge kyo namu myoho renge kyo namu myoho renge
kyo namu myoho renge kyo
namu myoho renge kyo namu myoho renge kyo namu myoho renge
kyo namu myoho renge kyo
namu myoho renge kyo namu myoho renge kyo namu myoho renge
kyo namu myoho renge kyo
namu myoho renge kyo namu myoho renge kyo namu myoho renge
kyo namu myoho renge kyo
namu myoho renge kyo namu myoho renge kyo namu myoho renge
kyo namu myoho renge kyo
namu myoho renge kyo namu myoho renge kyo namu myoho renge
kyo namu myoho renge kyo
namu myoho renge kyo namu myoho renge kyo namu myoho renge
kyo namu myoho renge kyo
namu myoho renge kyo namu myoho renge kyo namu myoho renge
kyo namu myoho renge kyo
namu myoho renge kyo namu myoho renge kyo namu myoho renge
kyo namu myoho renge kyo
namu myoho renge kyo namu myoho renge kyo namu myoho renge
kyo namu myoho renge kyo
namu myoho renge kyo namu myoho renge kyo namu myoho renge
kyo namu myoho renge kyo
namu myoho renge kyo namu myoho renge kyo namu myoho renge
kyo namu myoho renge kyo

namu myoho renge kyo namu myoho renge kyo namu myoho renge
kyo namu myoho renge kyo
namu myoho renge kyo namu myoho renge kyo namu myoho renge
kyo namu myoho renge kyo
namu myoho renge kyo namu myoho renge kyo namu myoho renge
kyo namu myoho renge kyo
namu myoho renge kyo namu myoho renge kyo namu myoho renge
kyo namu myoho renge kyo

namu myoho renge kyo namu myoho renge kyo namu
myoho renge kyo namu myoho renge kyo
namu myoho renge kyo namu myoho renge kyo namu myoho renge
kyo namu myoho renge kyo
namu myoho renge kyo namu myoho renge kyo namu myoho renge
kyo namu myoho renge kyo
namu myoho renge kyo namu myoho renge kyo namu myoho renge
kyo namu myoho renge kyo
namu myoho renge kyo namu myoho renge kyo namu myoho renge
kyo namu myoho renge kyo
namu myoho renge kyo namu myoho renge kyo namu myoho renge
kyo namu myoho renge kyo
namu myoho renge kyo namu myoho renge kyo namu myoho renge
kyo namu myoho renge kyo
namu myoho renge kyo namu myoho renge kyo
namu myoho renge kyo namu myoho renge kyo
namu myoho renge kyo namu myoho renge kyo namu myoho renge
kyo namu myoho renge kyo
namu myoho renge kyo namu myoho renge kyo namu myoho renge
kyo namu myoho renge kyo
namu myoho renge kyo namu myoho renge kyo namu myoho renge
kyo namu myoho renge kyo
namu myoho renge kyo namu myoho renge kyo namu myoho renge
kyo namu myoho renge kyo
namu myoho renge kyo namu myoho renge kyo namu myoho renge
kyo namu myoho renge kyo

namu myoho renge kyo namu myoho renge kyo namu myoho renge
kyo namu myoho renge kyo
namu myoho renge kyo namu myoho renge kyo namu myoho renge
kyo namu myoho renge kyo
namu myoho renge kyo namu myoho renge kyo namu myoho renge
kyo namu myoho renge kyo
namu myoho renge kyo namu myoho renge kyo
namu myoho renge kyo
namu myoho renge kyo namu myoho renge kyo namu myoho renge
kyo namu myoho renge kyo
namu myoho renge kyo namu myoho renge kyo namu myoho renge
kyo namu myoho renge kyo
namu myoho renge kyo namu myoho renge kyo namu myoho renge
kyo namu myoho renge kyo
namu myoho renge kyo namu myoho renge kyo namu myoho renge
kyo namu myoho renge kyo
namu myoho renge kyo namu myoho renge kyo namu myoho renge
kyo namu myoho renge kyo
namu myoho renge kyo namu myoho renge kyo namu myoho renge
kyo namu myoho renge kyo
namu myoho renge kyo namu myoho renge kyo namu myoho renge
kyo namu myoho renge kyo
namu myoho renge kyo   namu myoho renge
kyo namu myoho renge kyo
namu myoho renge kyo   namu myoho renge
kyo namu myoho renge kyo
namu myoho renge kyo namu myoho renge kyo namu myoho renge
kyo namu myoho renge kyo
namu myoho renge kyo namu myoho renge kyo namu myoho renge
kyo namu myoho renge kyo
namu myoho renge kyo namu myoho renge kyo namu myoho renge
kyo namu myoho renge kyo
namu myoho renge kyo namu myoho renge kyo namu myoho renge
kyo namu myoho renge kyo
namu myoho renge kyo namu myoho renge kyo
namu myoho renge kyo namu myoho renge kyo

namu myoho renge kyo namu myoho renge kyo namu myoho renge
kyo namu myoho renge kyo namu myoho renge kyo namu myoho
renge kyo
namu myoho renge kyo namu myoho renge kyo namu myoho renge
kyo namu myoho renge kyo
                          namu myoho renge kyo namu myoho renge
kyo namu myoho renge kyo
namu myoho renge kyo namu myoho renge kyo namu myoho renge
kyo namu myoho renge kyo
namu myoho renge kyo namu myoho renge kyo namu myoho renge
kyo namu myoho renge kyo
namu myoho renge kyo namu myoho renge kyo namu myoho renge
kyo namu myoho renge kyo
namu myoho renge kyo namu myoho renge kyo namu myoho renge
kyo namu myoho renge kyo
namu myoho renge kyo namu myoho renge kyo namu myoho renge
kyo namu myoho renge kyo
namu myoho renge kyo namu myoho renge kyo namu myoho renge
kyo namu myoho renge kyo
namu myoho renge kyo namu myoho renge kyo namu myoho renge
kyo namu myoho renge kyo
namu myoho renge kyo namu myoho renge kyo namu myoho renge
kyo namu myoho renge kyo
namu myoho renge kyo namu myoho renge kyo namu myoho renge
kyo namu myoho renge kyo
namu myoho renge kyo namu myoho renge kyo namu myoho renge
kyo namu myoho renge kyo
namu myoho renge kyo namu myoho renge kyo namu myoho renge
kyo namu myoho renge kyo
                          namu myoho renge kyo namu myoho renge
kyo namu myoho renge kyo
                          namu myoho renge kyo namu myoho renge
kyo namu myoho renge kyo
                          namu myoho renge kyo namu myoho renge
kyo namu myoho renge kyo

namu myoho renge kyo namu myoho renge kyo namu myoho renge
kyo namu myoho renge kyo
namu myoho renge kyo namu myoho renge kyo namu myoho renge
kyo namu myoho renge kyo
namu myoho renge kyo namu myoho renge kyo namu myoho renge
kyo namu myoho renge kyo
namu myoho renge kyo namu myoho renge kyo namu myoho renge
kyo namu myoho renge kyo
namu myoho renge kyo namu myoho renge kyo
namu myoho renge kyo
namu myoho renge kyo namu myoho renge kyo namu myoho renge
kyo namu myoho renge kyo
namu myoho renge kyo namu myoho renge kyo namu myoho renge
kyo namu myoho renge kyo
namu myoho renge kyo namu myoho renge kyo namu myoho renge
kyo namu myoho renge kyo
namu myoho renge kyo namu myoho renge kyo namu myoho renge
kyo namu myoho renge kyo
namu myoho renge kyo namu myoho renge kyo namu myoho renge
kyo namu myoho renge kyo
namu myoho renge kyo namu myoho renge kyo namu myoho renge
kyo namu myoho renge kyo
namu myoho renge kyo namu myoho renge kyo namu myoho renge
kyo namu myoho renge kyo
namu myoho renge kyo namu myoho renge kyo namu myoho renge
kyo namu myoho renge kyo
namu myoho renge kyo namu myoho renge kyo namu myoho renge
kyo namu myoho renge kyo
namu myoho renge kyo namu myoho renge kyo namu myoho renge
kyo namu myoho renge kyo
namu myoho renge kyo namu myoho renge kyo namu myoho renge
kyo namu myoho renge kyo
namu myoho renge kyo namu myoho renge kyo namu myoho renge
kyo namu myoho renge kyo
namu myoho renge kyo namu myoho renge kyo namu myoho renge
kyo namu myoho renge kyo

namu myoho renge kyo namu myoho renge kyo namu myoho renge
kyo namu myoho renge kyo
namu myoho renge kyo namu myoho renge kyo namu myoho renge
kyo namu myoho renge kyo
namu myoho renge kyo namu myoho renge kyo namu myoho renge
kyo namu myoho renge kyo
namu myoho renge kyo namu myoho renge kyo namu myoho renge
kyo namu myoho renge kyo
namu myoho renge kyo namu myoho renge kyo namu myoho renge
kyo namu myoho renge kyo
namu myoho renge kyo namu myoho renge kyo namu myoho renge
kyo namu myoho renge kyo
namu myoho renge kyo namu myoho renge kyo namu myoho renge
kyo namu myoho renge kyo
namu myoho renge kyo namu myoho renge kyo namu myoho renge
kyo namu myoho renge kyo
namu myoho renge kyo namu myoho renge kyo namu myoho renge
kyo namu myoho renge kyo
namu myoho renge kyo namu myoho renge kyo namu myoho renge
kyo namu myoho renge kyo
namu myoho renge kyo namu myoho renge kyo namu myoho renge
kyo namu myoho renge kyo
namu myoho renge kyo namu myoho renge kyo namu myoho renge
kyo namu myoho renge kyo
namu myoho renge kyo namu myoho renge kyo namu myoho renge
kyo namu myoho renge kyo
namu myoho renge kyo namu myoho renge kyo namu myoho renge
kyo namu myoho renge kyo
namu myoho renge kyo namu myoho renge kyo namu myoho renge
kyo namu myoho renge kyo
namu myoho renge kyo namu myoho renge kyo namu myoho renge
kyo namu myoho renge kyo
namu myoho renge kyo namu myoho renge kyo namu myoho renge
kyo namu myoho renge kyo
namu myoho renge kyo namu myoho renge kyo namu myoho renge
kyo namu myoho renge kyo
namu myoho renge kyo namu myoho renge kyo namu myoho renge
kyo namu myoho renge kyo

namu myoho renge kyo namu myoho renge kyo namu myoho renge
kyo namu myoho renge kyo
namu myoho renge kyo namu myoho renge kyo namu myoho renge
kyo namu myoho renge kyo
namu myoho renge kyo namu myoho renge kyo namu myoho renge
kyo namu myoho renge kyo
namu myoho renge kyo namu myoho renge kyo namu myoho renge
kyo namu myoho renge kyo

namu myoho renge kyo namu myoho renge kyo namu
myoho renge kyo namu myoho renge kyo
namu myoho renge kyo namu myoho renge kyo namu myoho renge
kyo namu myoho renge kyo
namu myoho renge kyo namu myoho renge kyo namu myoho renge
kyo namu myoho renge kyo
namu myoho renge kyo namu myoho renge kyo namu myoho renge
kyo namu myoho renge kyo
namu myoho renge kyo namu myoho renge kyo namu myoho renge
kyo namu myoho renge kyo
namu myoho renge kyo namu myoho renge kyo namu myoho renge
kyo namu myoho renge kyo
namu myoho renge kyo namu myoho renge kyo namu myoho renge
kyo namu myoho renge kyo
namu myoho renge kyo namu myoho renge kyo
namu myoho renge kyo namu myoho renge kyo
namu myoho renge kyo namu myoho renge kyo namu myoho renge
kyo namu myoho renge kyo
namu myoho renge kyo namu myoho renge kyo namu myoho renge
kyo namu myoho renge kyo
namu myoho renge kyo namu myoho renge kyo namu myoho renge
kyo namu myoho renge kyo
namu myoho renge kyo namu myoho renge kyo namu myoho renge
kyo namu myoho renge kyo
namu myoho renge kyo namu myoho renge kyo namu myoho renge
kyo namu myoho renge kyo

namu myoho renge kyo namu myoho renge kyo namu myoho renge
kyo namu myoho renge kyo
namu myoho renge kyo namu myoho renge kyo namu myoho renge
kyo namu myoho renge kyo
namu myoho renge kyo namu myoho renge kyo namu myoho renge
kyo namu myoho renge kyo
namu myoho renge kyo namu myoho renge kyo
namu myoho renge kyo
namu myoho renge kyo namu myoho renge kyo namu myoho renge
kyo namu myoho renge kyo
namu myoho renge kyo namu myoho renge kyo namu myoho renge
kyo namu myoho renge kyo
namu myoho renge kyo namu myoho renge kyo namu myoho renge
kyo namu myoho renge kyo
namu myoho renge kyo namu myoho renge kyo namu myoho renge
kyo namu myoho renge kyo
namu myoho renge kyo namu myoho renge kyo namu myoho renge
kyo namu myoho renge kyo
namu myoho renge kyo namu myoho renge kyo namu myoho renge
kyo namu myoho renge kyo
namu myoho renge kyo namu myoho renge kyo namu myoho renge
kyo namu myoho renge kyo
namu myoho renge kyo   namu myoho renge
kyo namu myoho renge kyo
namu myoho renge kyo   namu myoho renge
kyo namu myoho renge kyo
namu myoho renge kyo namu myoho renge kyo namu myoho renge
kyo namu myoho renge kyo
namu myoho renge kyo namu myoho renge kyo namu myoho renge
kyo namu myoho renge kyo
namu myoho renge kyo namu myoho renge kyo namu myoho renge
kyo namu myoho renge kyo
namu myoho renge kyo namu myoho renge kyo namu myoho renge
kyo namu myoho renge kyo
namu myoho renge kyo namu myoho renge kyo
namu myoho renge kyo namu myoho renge kyo

namu myoho renge kyo namu myoho renge kyo namu myoho renge
kyo namu myoho renge kyo namu myoho renge kyo namu myoho
renge kyo
namu myoho renge kyo namu myoho renge kyo namu myoho renge
kyo namu myoho renge kyo
                              namu myoho renge kyo namu myoho renge
kyo namu myoho renge kyo
namu myoho renge kyo namu myoho renge kyo namu myoho renge
kyo namu myoho renge kyo
namu myoho renge kyo namu myoho renge kyo namu myoho renge
kyo namu myoho renge kyo
namu myoho renge kyo namu myoho renge kyo namu myoho renge
kyo namu myoho renge kyo
namu myoho renge kyo namu myoho renge kyo namu myoho renge
kyo namu myoho renge kyo
namu myoho renge kyo namu myoho renge kyo namu myoho renge
kyo namu myoho renge kyo
namu myoho renge kyo namu myoho renge kyo namu myoho renge
kyo namu myoho renge kyo
namu myoho renge kyo namu myoho renge kyo namu myoho renge
kyo namu myoho renge kyo
namu myoho renge kyo namu myoho renge kyo namu myoho renge
kyo namu myoho renge kyo
namu myoho renge kyo namu myoho renge kyo namu myoho renge
kyo namu myoho renge kyo
namu myoho renge kyo namu myoho renge kyo namu myoho renge
kyo namu myoho renge kyo
namu myoho renge kyo namu myoho renge kyo namu myoho renge
kyo namu myoho renge kyo
                              namu myoho renge kyo namu myoho renge
kyo namu myoho renge kyo
                              namu myoho renge kyo namu myoho renge
kyo namu myoho renge kyo
                              namu myoho renge kyo namu myoho renge
kyo namu myoho renge kyo

namu myoho renge kyo namu myoho renge kyo namu myoho renge
kyo namu myoho renge kyo
namu myoho renge kyo namu myoho renge kyo namu myoho renge
kyo namu myoho renge kyo
namu myoho renge kyo namu myoho renge kyo namu myoho renge
kyo namu myoho renge kyo
namu myoho renge kyo namu myoho renge kyo namu myoho renge
kyo namu myoho renge kyo
namu myoho renge kyo namu myoho renge kyo
namu myoho renge kyo
namu myoho renge kyo namu myoho renge kyo namu myoho renge
kyo namu myoho renge kyo
namu myoho renge kyo namu myoho renge kyo namu myoho renge
kyo namu myoho renge kyo
namu myoho renge kyo namu myoho renge kyo namu myoho renge
kyo namu myoho renge kyo
namu myoho renge kyo namu myoho renge kyo namu myoho renge
kyo namu myoho renge kyo
namu myoho renge kyo namu myoho renge kyo namu myoho renge
kyo namu myoho renge kyo
namu myoho renge kyo namu myoho renge kyo namu myoho renge
kyo namu myoho renge kyo
namu myoho renge kyo namu myoho renge kyo namu myoho renge
kyo namu myoho renge kyo
namu myoho renge kyo namu myoho renge kyo namu myoho renge
kyo namu myoho renge kyo
namu myoho renge kyo namu myoho renge kyo namu myoho renge
kyo namu myoho renge kyo
namu myoho renge kyo namu myoho renge kyo namu myoho renge
kyo namu myoho renge kyo
namu myoho renge kyo namu myoho renge kyo namu myoho renge
kyo namu myoho renge kyo
namu myoho renge kyo namu myoho renge kyo namu myoho renge
kyo namu myoho renge kyo

namu myoho renge kyo namu myoho renge kyo namu myoho renge
kyo namu myoho renge kyo
namu myoho renge kyo namu myoho renge kyo namu myoho renge
kyo namu myoho renge kyo
namu myoho renge kyo namu myoho renge kyo namu myoho renge
kyo namu myoho renge kyo
namu myoho renge kyo namu myoho renge kyo namu myoho renge
kyo namu myoho renge kyo
namu myoho renge kyo namu myoho renge kyo namu myoho renge
kyo namu myoho renge kyo
namu myoho renge kyo namu myoho renge kyo namu myoho renge
kyo namu myoho renge kyo
namu myoho renge kyo namu myoho renge kyo namu myoho renge
kyo namu myoho renge kyo
namu myoho renge kyo namu myoho renge kyo namu myoho renge
kyo namu myoho renge kyo
namu myoho renge kyo namu myoho renge kyo namu myoho renge
kyo namu myoho renge kyo
namu myoho renge kyo namu myoho renge kyo namu myoho renge
kyo namu myoho renge kyo
namu myoho renge kyo namu myoho renge kyo namu myoho renge
kyo namu myoho renge kyo
namu myoho renge kyo namu myoho renge kyo namu myoho renge
kyo namu myoho renge kyo
namu myoho renge kyo namu myoho renge kyo namu myoho renge
kyo namu myoho renge kyo
namu myoho renge kyo namu myoho renge kyo namu myoho renge
kyo namu myoho renge kyo
namu myoho renge kyo namu myoho renge kyo namu myoho renge
kyo namu myoho renge kyo
namu myoho renge kyo namu myoho renge kyo namu myoho renge
kyo namu myoho renge kyo
namu myoho renge kyo namu myoho renge kyo namu myoho renge
kyo namu myoho renge kyo
namu myoho renge kyo namu myoho renge kyo namu myoho renge
kyo namu myoho renge kyo

namu myoho renge kyo namu myoho renge kyo namu myoho renge
kyo namu myoho renge kyo
namu myoho renge kyo namu myoho renge kyo namu myoho renge
kyo namu myoho renge kyo
namu myoho renge kyo namu myoho renge kyo namu myoho renge
kyo namu myoho renge kyo
namu myoho renge kyo namu myoho renge kyo namu myoho renge
kyo namu myoho renge kyo

namu myoho renge kyo namu myoho renge kyo namu
myoho renge kyo namu myoho renge kyo
namu myoho renge kyo namu myoho renge kyo namu myoho renge
kyo namu myoho renge kyo
namu myoho renge kyo namu myoho renge kyo namu myoho renge
kyo namu myoho renge kyo
namu myoho renge kyo namu myoho renge kyo namu myoho renge
kyo namu myoho renge kyo
namu myoho renge kyo namu myoho renge kyo namu myoho renge
kyo namu myoho renge kyo
namu myoho renge kyo namu myoho renge kyo namu myoho renge
kyo namu myoho renge kyo
namu myoho renge kyo namu myoho renge kyo namu myoho renge
kyo namu myoho renge kyo
namu myoho renge kyo namu myoho renge kyo
namu myoho renge kyo namu myoho renge kyo
namu myoho renge kyo namu myoho renge kyo namu myoho renge
kyo namu myoho renge kyo
namu myoho renge kyo namu myoho renge kyo namu myoho renge
kyo namu myoho renge kyo
namu myoho renge kyo namu myoho renge kyo namu myoho renge
kyo namu myoho renge kyo
namu myoho renge kyo namu myoho renge kyo namu myoho renge
kyo namu myoho renge kyo
namu myoho renge kyo namu myoho renge kyo namu myoho renge
kyo namu myoho renge kyo

namu myoho renge kyo namu myoho renge kyo namu myoho renge
kyo namu myoho renge kyo
namu myoho renge kyo namu myoho renge kyo namu myoho renge
kyo namu myoho renge kyo
namu myoho renge kyo namu myoho renge kyo namu myoho renge
kyo namu myoho renge kyo
namu myoho renge kyo namu myoho renge kyo
namu myoho renge kyo
namu myoho renge kyo namu myoho renge kyo namu myoho renge
kyo namu myoho renge kyo
namu myoho renge kyo namu myoho renge kyo namu myoho renge
kyo namu myoho renge kyo
namu myoho renge kyo namu myoho renge kyo namu myoho renge
kyo namu myoho renge kyo
namu myoho renge kyo namu myoho renge kyo namu myoho renge
kyo namu myoho renge kyo
namu myoho renge kyo namu myoho renge kyo namu myoho renge
kyo namu myoho renge kyo
namu myoho renge kyo namu myoho renge kyo namu myoho renge
kyo namu myoho renge kyo
namu myoho renge kyo namu myoho renge kyo namu myoho renge
kyo namu myoho renge kyo
namu myoho renge kyo   namu myoho renge
kyo namu myoho renge kyo
namu myoho renge kyo   namu myoho renge
kyo namu myoho renge kyo
namu myoho renge kyo namu myoho renge kyo namu myoho renge
kyo namu myoho renge kyo
namu myoho renge kyo namu myoho renge kyo namu myoho renge
kyo namu myoho renge kyo
namu myoho renge kyo namu myoho renge kyo namu myoho renge
kyo namu myoho renge kyo
namu myoho renge kyo namu myoho renge kyo namu myoho renge
kyo namu myoho renge kyo
namu myoho renge kyo namu myoho renge kyo
namu myoho renge kyo namu myoho renge kyo

namu myoho renge kyo namu myoho renge kyo namu myoho renge
kyo namu myoho renge kyo namu myoho renge kyo namu myoho
renge kyo
namu myoho renge kyo namu myoho renge kyo namu myoho renge
kyo namu myoho renge kyo
                        namu myoho renge kyo namu myoho renge
kyo namu myoho renge kyo
namu myoho renge kyo namu myoho renge kyo namu myoho renge
kyo namu myoho renge kyo
namu myoho renge kyo namu myoho renge kyo namu myoho renge
kyo namu myoho renge kyo
namu myoho renge kyo namu myoho renge kyo namu myoho renge
kyo namu myoho renge kyo
namu myoho renge kyo namu myoho renge kyo namu myoho renge
kyo namu myoho renge kyo
namu myoho renge kyo namu myoho renge kyo namu myoho renge
kyo namu myoho renge kyo
namu myoho renge kyo namu myoho renge kyo namu myoho renge
kyo namu myoho renge kyo
namu myoho renge kyo namu myoho renge kyo namu myoho renge
kyo namu myoho renge kyo
namu myoho renge kyo namu myoho renge kyo namu myoho renge
kyo namu myoho renge kyo
namu myoho renge kyo namu myoho renge kyo namu myoho renge
kyo namu myoho renge kyo
namu myoho renge kyo namu myoho renge kyo namu myoho renge
kyo namu myoho renge kyo
namu myoho renge kyo namu myoho renge kyo namu myoho renge
kyo namu myoho renge kyo
                        namu myoho renge kyo namu myoho renge
kyo namu myoho renge kyo
                        namu myoho renge kyo namu myoho renge
kyo namu myoho renge kyo
                        namu myoho renge kyo namu myoho renge
kyo namu myoho renge kyo

namu myoho renge kyo namu myoho renge kyo namu myoho renge
kyo namu myoho renge kyo
namu myoho renge kyo namu myoho renge kyo namu myoho renge
kyo namu myoho renge kyo
namu myoho renge kyo namu myoho renge kyo namu myoho renge
kyo namu myoho renge kyo
namu myoho renge kyo namu myoho renge kyo namu myoho renge
kyo namu myoho renge kyo
namu myoho renge kyo namu myoho renge kyo
namu myoho renge kyo
namu myoho renge kyo namu myoho renge kyo namu myoho renge
kyo namu myoho renge kyo
namu myoho renge kyo namu myoho renge kyo namu myoho renge
kyo namu myoho renge kyo
namu myoho renge kyo namu myoho renge kyo namu myoho renge
kyo namu myoho renge kyo
namu myoho renge kyo namu myoho renge kyo namu myoho renge
kyo namu myoho renge kyo
namu myoho renge kyo namu myoho renge kyo namu myoho renge
kyo namu myoho renge kyo
namu myoho renge kyo namu myoho renge kyo namu myoho renge
kyo namu myoho renge kyo
namu myoho renge kyo namu myoho renge kyo namu myoho renge
kyo namu myoho renge kyo
namu myoho renge kyo namu myoho renge kyo namu myoho renge
kyo namu myoho renge kyo
namu myoho renge kyo namu myoho renge kyo namu myoho renge
kyo namu myoho renge kyo
namu myoho renge kyo namu myoho renge kyo namu myoho renge
kyo namu myoho renge kyo
namu myoho renge kyo namu myoho renge kyo namu myoho renge
kyo namu myoho renge kyo
namu myoho renge kyo namu myoho renge kyo namu myoho renge
kyo namu myoho renge kyo
namu myoho renge kyo namu myoho renge kyo namu myoho renge
kyo namu myoho renge kyo

namu myoho renge kyo namu myoho renge kyo namu myoho renge
kyo namu myoho renge kyo
namu myoho renge kyo namu myoho renge kyo namu myoho renge
kyo namu myoho renge kyo
namu myoho renge kyo namu myoho renge kyo namu myoho renge
kyo namu myoho renge kyo
namu myoho renge kyo namu myoho renge kyo namu myoho renge
kyo namu myoho renge kyo
namu myoho renge kyo namu myoho renge kyo namu myoho renge
kyo namu myoho renge kyo
namu myoho renge kyo namu myoho renge kyo namu myoho renge
kyo namu myoho renge kyo
namu myoho renge kyo namu myoho renge kyo namu myoho renge
kyo namu myoho renge kyo
namu myoho renge kyo namu myoho renge kyo namu myoho renge
kyo namu myoho renge kyo
namu myoho renge kyo namu myoho renge kyo namu myoho renge
kyo namu myoho renge kyo
namu myoho renge kyo namu myoho renge kyo namu myoho renge
kyo namu myoho renge kyo
namu myoho renge kyo namu myoho renge kyo namu myoho renge
kyo namu myoho renge kyo
namu myoho renge kyo namu myoho renge kyo namu myoho renge
kyo namu myoho renge kyo
namu myoho renge kyo namu myoho renge kyo namu myoho renge
kyo namu myoho renge kyo
namu myoho renge kyo namu myoho renge kyo namu myoho renge
kyo namu myoho renge kyo
namu myoho renge kyo namu myoho renge kyo namu myoho renge
kyo namu myoho renge kyo
namu myoho renge kyo namu myoho renge kyo namu myoho renge
kyo namu myoho renge kyo
namu myoho renge kyo namu myoho renge kyo namu myoho renge
kyo namu myoho renge kyo

namu myoho renge kyo namu myoho renge kyo namu myoho renge
kyo namu myoho renge kyo
namu myoho renge kyo namu myoho renge kyo namu myoho renge
kyo namu myoho renge kyo
namu myoho renge kyo namu myoho renge kyo namu myoho renge
kyo namu myoho renge kyo
namu myoho renge kyo namu myoho renge kyo namu myoho renge
kyo namu myoho renge kyo

    namu myoho renge kyo namu myoho renge kyo namu
myoho renge kyo namu myoho renge kyo
namu myoho renge kyo namu myoho renge kyo namu myoho renge
kyo namu myoho renge kyo
namu myoho renge kyo namu myoho renge kyo namu myoho renge
kyo namu myoho renge kyo
namu myoho renge kyo namu myoho renge kyo namu myoho renge
kyo namu myoho renge kyo
namu myoho renge kyo namu myoho renge kyo namu myoho renge
kyo namu myoho renge kyo
namu myoho renge kyo namu myoho renge kyo namu myoho renge
kyo namu myoho renge kyo
namu myoho renge kyo namu myoho renge kyo namu myoho renge
kyo namu myoho renge kyo
namu myoho renge kyo namu myoho renge kyo
namu myoho renge kyo namu myoho renge kyo
namu myoho renge kyo namu myoho renge kyo namu myoho renge
kyo namu myoho renge kyo
namu myoho renge kyo namu myoho renge kyo namu myoho renge
kyo namu myoho renge kyo
namu myoho renge kyo namu myoho renge kyo namu myoho renge
kyo namu myoho renge kyo
namu myoho renge kyo namu myoho renge kyo namu myoho renge
kyo namu myoho renge kyo
namu myoho renge kyo namu myoho renge kyo namu myoho renge
kyo namu myoho renge kyo

namu myoho renge kyo namu myoho renge kyo namu myoho renge
kyo namu myoho renge kyo
namu myoho renge kyo namu myoho renge kyo namu myoho renge
kyo namu myoho renge kyo
namu myoho renge kyo namu myoho renge kyo namu myoho renge
kyo namu myoho renge kyo
namu myoho renge kyo namu myoho renge kyo
namu myoho renge kyo
namu myoho renge kyo namu myoho renge kyo namu myoho renge
kyo namu myoho renge kyo
namu myoho renge kyo namu myoho renge kyo namu myoho renge
kyo namu myoho renge kyo
namu myoho renge kyo namu myoho renge kyo namu myoho renge
kyo namu myoho renge kyo
namu myoho renge kyo namu myoho renge kyo namu myoho renge
kyo namu myoho renge kyo
namu myoho renge kyo namu myoho renge kyo namu myoho renge
kyo namu myoho renge kyo
namu myoho renge kyo namu myoho renge kyo namu myoho renge
kyo namu myoho renge kyo
namu myoho renge kyo namu myoho renge kyo namu myoho renge
kyo namu myoho renge kyo
namu myoho renge kyo   namu myoho renge
kyo namu myoho renge kyo
namu myoho renge kyo   namu myoho renge
kyo namu myoho renge kyo
namu myoho renge kyo namu myoho renge kyo namu myoho renge
kyo namu myoho renge kyo
namu myoho renge kyo namu myoho renge kyo namu myoho renge
kyo namu myoho renge kyo
namu myoho renge kyo namu myoho renge kyo namu myoho renge
kyo namu myoho renge kyo
namu myoho renge kyo namu myoho renge kyo namu myoho renge
kyo namu myoho renge kyo
namu myoho renge kyo namu myoho renge kyo
namu myoho renge kyo namu myoho renge kyo

namu myoho renge kyo namu myoho renge kyo namu myoho renge
kyo namu myoho renge kyo namu myoho renge kyo namu myoho
renge kyo
namu myoho renge kyo namu myoho renge kyo namu myoho renge
kyo namu myoho renge kyo
      namu myoho renge kyo namu myoho renge
kyo namu myoho renge kyo
namu myoho renge kyo namu myoho renge kyo namu myoho renge
kyo namu myoho renge kyo
namu myoho renge kyo namu myoho renge kyo namu myoho renge
kyo namu myoho renge kyo
namu myoho renge kyo namu myoho renge kyo namu myoho renge
kyo namu myoho renge kyo
namu myoho renge kyo namu myoho renge kyo namu myoho renge
kyo namu myoho renge kyo
namu myoho renge kyo namu myoho renge kyo namu myoho renge
kyo namu myoho renge kyo
namu myoho renge kyo namu myoho renge kyo namu myoho renge
kyo namu myoho renge kyo
namu myoho renge kyo namu myoho renge kyo namu myoho renge
kyo namu myoho renge kyo
namu myoho renge kyo namu myoho renge kyo namu myoho renge
kyo namu myoho renge kyo
namu myoho renge kyo namu myoho renge kyo namu myoho renge
kyo namu myoho renge kyo
namu myoho renge kyo namu myoho renge kyo namu myoho renge
kyo namu myoho renge kyo
      namu myoho renge kyo namu myoho renge
kyo namu myoho renge kyo
      namu myoho renge kyo namu myoho renge
kyo namu myoho renge kyo
      namu myoho renge kyo namu myoho renge
kyo namu myoho renge kyo

namu myoho renge kyo namu myoho renge kyo namu myoho renge
kyo namu myoho renge kyo
namu myoho renge kyo namu myoho renge kyo namu myoho renge
kyo namu myoho renge kyo
namu myoho renge kyo namu myoho renge kyo namu myoho renge
kyo namu myoho renge kyo
namu myoho renge kyo namu myoho renge kyo namu myoho renge
kyo namu myoho renge kyo
namu myoho renge kyo namu myoho renge kyo
namu myoho renge kyo
namu myoho renge kyo namu myoho renge kyo namu myoho renge
kyo namu myoho renge kyo
namu myoho renge kyo namu myoho renge kyo namu myoho renge
kyo namu myoho renge kyo
namu myoho renge kyo namu myoho renge kyo namu myoho renge
kyo namu myoho renge kyo
namu myoho renge kyo namu myoho renge kyo namu myoho renge
kyo namu myoho renge kyo
namu myoho renge kyo namu myoho renge kyo namu myoho renge
kyo namu myoho renge kyo
namu myoho renge kyo namu myoho renge kyo namu myoho renge
kyo namu myoho renge kyo
namu myoho renge kyo namu myoho renge kyo namu myoho renge
kyo namu myoho renge kyo
namu myoho renge kyo namu myoho renge kyo namu myoho renge
kyo namu myoho renge kyo
namu myoho renge kyo namu myoho renge kyo namu myoho renge
kyo namu myoho renge kyo
namu myoho renge kyo namu myoho renge kyo namu myoho renge
kyo namu myoho renge kyo
namu myoho renge kyo namu myoho renge kyo namu myoho renge
kyo namu myoho renge kyo
namu myoho renge kyo namu myoho renge kyo namu myoho renge
kyo namu myoho renge kyo
namu myoho renge kyo namu myoho renge kyo namu myoho renge
kyo namu myoho renge kyo

namu myoho renge kyo namu myoho renge kyo namu myoho renge
kyo namu myoho renge kyo
namu myoho renge kyo namu myoho renge kyo namu myoho renge
kyo namu myoho renge kyo
namu myoho renge kyo namu myoho renge kyo namu myoho renge
kyo namu myoho renge kyo
namu myoho renge kyo namu myoho renge kyo namu myoho renge
kyo namu myoho renge kyo
namu myoho renge kyo namu myoho renge kyo namu myoho renge
kyo namu myoho renge kyo
namu myoho renge kyo namu myoho renge kyo namu myoho renge
kyo namu myoho renge kyo
namu myoho renge kyo namu myoho renge kyo namu myoho renge
kyo namu myoho renge kyo
namu myoho renge kyo namu myoho renge kyo namu myoho renge
kyo namu myoho renge kyo
namu myoho renge kyo namu myoho renge kyo namu myoho renge
kyo namu myoho renge kyo
namu myoho renge kyo namu myoho renge kyo namu myoho renge
kyo namu myoho renge kyo
namu myoho renge kyo namu myoho renge kyo namu myoho renge
kyo namu myoho renge kyo
namu myoho renge kyo namu myoho renge kyo namu myoho renge
kyo namu myoho renge kyo
namu myoho renge kyo namu myoho renge kyo namu myoho renge
kyo namu myoho renge kyo
namu myoho renge kyo namu myoho renge kyo namu myoho renge
kyo namu myoho renge kyo
namu myoho renge kyo namu myoho renge kyo namu myoho renge
kyo namu myoho renge kyo
namu myoho renge kyo namu myoho renge kyo namu myoho renge
kyo namu myoho renge kyo
namu myoho renge kyo namu myoho renge kyo namu myoho renge
kyo namu myoho renge kyo
namu myoho renge kyo namu myoho renge kyo namu myoho renge
kyo namu myoho renge kyo

namu myoho renge kyo namu myoho renge kyo namu myoho renge
kyo namu myoho renge kyo
namu myoho renge kyo namu myoho renge kyo namu myoho renge
kyo namu myoho renge kyo
namu myoho renge kyo namu myoho renge kyo namu myoho renge
kyo namu myoho renge kyo
namu myoho renge kyo namu myoho renge kyo namu myoho renge
kyo namu myoho renge kyo

namu myoho renge kyo namu myoho renge kyo namu
myoho renge kyo namu myoho renge kyo
namu myoho renge kyo namu myoho renge kyo namu myoho renge
kyo namu myoho renge kyo
namu myoho renge kyo namu myoho renge kyo namu myoho renge
kyo namu myoho renge kyo
namu myoho renge kyo namu myoho renge kyo namu myoho renge
kyo namu myoho renge kyo
namu myoho renge kyo namu myoho renge kyo namu myoho renge
kyo namu myoho renge kyo
namu myoho renge kyo namu myoho renge kyo namu myoho renge
kyo namu myoho renge kyo
namu myoho renge kyo namu myoho renge kyo namu myoho renge
kyo namu myoho renge kyo
namu myoho renge kyo namu myoho renge kyo
namu myoho renge kyo namu myoho renge kyo
namu myoho renge kyo namu myoho renge kyo namu myoho renge
kyo namu myoho renge kyo
namu myoho renge kyo namu myoho renge kyo namu myoho renge
kyo namu myoho renge kyo
namu myoho renge kyo namu myoho renge kyo namu myoho renge
kyo namu myoho renge kyo
namu myoho renge kyo namu myoho renge kyo namu myoho renge
kyo namu myoho renge kyo
namu myoho renge kyo namu myoho renge kyo namu myoho renge
kyo namu myoho renge kyo

namu myoho renge kyo namu myoho renge kyo namu myoho renge
kyo namu myoho renge kyo
namu myoho renge kyo namu myoho renge kyo namu myoho renge
kyo namu myoho renge kyo
namu myoho renge kyo namu myoho renge kyo namu myoho renge
kyo namu myoho renge kyo
namu myoho renge kyo namu myoho renge kyo
namu myoho renge kyo
namu myoho renge kyo namu myoho renge kyo namu myoho renge
kyo namu myoho renge kyo
namu myoho renge kyo namu myoho renge kyo namu myoho renge
kyo namu myoho renge kyo
namu myoho renge kyo namu myoho renge kyo namu myoho renge
kyo namu myoho renge kyo
namu myoho renge kyo namu myoho renge kyo namu myoho renge
kyo namu myoho renge kyo
namu myoho renge kyo namu myoho renge kyo namu myoho renge
kyo namu myoho renge kyo
namu myoho renge kyo namu myoho renge kyo namu myoho renge
kyo namu myoho renge kyo
namu myoho renge kyo namu myoho renge kyo namu myoho renge
kyo namu myoho renge kyo
namu myoho renge kyo   namu myoho renge
kyo namu myoho renge kyo
namu myoho renge kyo   namu myoho renge
kyo namu myoho renge kyo
namu myoho renge kyo namu myoho renge kyo namu myoho renge
kyo namu myoho renge kyo
namu myoho renge kyo namu myoho renge kyo namu myoho renge
kyo namu myoho renge kyo
namu myoho renge kyo namu myoho renge kyo namu myoho renge
kyo namu myoho renge kyo
namu myoho renge kyo namu myoho renge kyo namu myoho renge
kyo namu myoho renge kyo
namu myoho renge kyo namu myoho renge kyo
namu myoho renge kyo namu myoho renge kyo

namu myoho renge kyo namu myoho renge kyo namu myoho renge
kyo namu myoho renge kyo namu myoho renge kyo namu myoho
renge kyo
namu myoho renge kyo namu myoho renge kyo namu myoho renge
kyo namu myoho renge kyo
namu myoho renge kyo namu myoho renge
kyo namu myoho renge kyo
namu myoho renge kyo namu myoho renge kyo namu myoho renge
kyo namu myoho renge kyo
namu myoho renge kyo namu myoho renge kyo namu myoho renge
kyo namu myoho renge kyo
namu myoho renge kyo namu myoho renge kyo namu myoho renge
kyo namu myoho renge kyo
namu myoho renge kyo namu myoho renge kyo namu myoho renge
kyo namu myoho renge kyo
namu myoho renge kyo namu myoho renge kyo namu myoho renge
kyo namu myoho renge kyo
namu myoho renge kyo namu myoho renge kyo namu myoho renge
kyo namu myoho renge kyo
namu myoho renge kyo namu myoho renge kyo namu myoho renge
kyo namu myoho renge kyo
namu myoho renge kyo namu myoho renge kyo namu myoho renge
kyo namu myoho renge kyo
namu myoho renge kyo namu myoho renge kyo namu myoho renge
kyo namu myoho renge kyo
namu myoho renge kyo namu myoho renge kyo namu myoho renge
kyo namu myoho renge kyo
namu myoho renge kyo namu myoho renge kyo namu myoho renge
kyo namu myoho renge kyo
namu myoho renge kyo namu myoho renge
kyo namu myoho renge kyo
namu myoho renge kyo namu myoho renge
kyo namu myoho renge kyo
namu myoho renge kyo namu myoho renge
kyo namu myoho renge kyo

namu myoho renge kyo namu myoho renge kyo namu myoho renge
kyo namu myoho renge kyo
namu myoho renge kyo namu myoho renge kyo namu myoho renge
kyo namu myoho renge kyo
namu myoho renge kyo namu myoho renge kyo namu myoho renge
kyo namu myoho renge kyo
namu myoho renge kyo namu myoho renge kyo namu myoho renge
kyo namu myoho renge kyo
namu myoho renge kyo namu myoho renge kyo
namu myoho renge kyo
namu myoho renge kyo namu myoho renge kyo namu myoho renge
kyo namu myoho renge kyo
namu myoho renge kyo namu myoho renge kyo namu myoho renge
kyo namu myoho renge kyo
namu myoho renge kyo namu myoho renge kyo namu myoho renge
kyo namu myoho renge kyo
namu myoho renge kyo namu myoho renge kyo namu myoho renge
kyo namu myoho renge kyo
namu myoho renge kyo namu myoho renge kyo namu myoho renge
kyo namu myoho renge kyo
namu myoho renge kyo namu myoho renge kyo namu myoho renge
kyo namu myoho renge kyo
namu myoho renge kyo namu myoho renge kyo namu myoho renge
kyo namu myoho renge kyo
namu myoho renge kyo namu myoho renge kyo namu myoho renge
kyo namu myoho renge kyo
namu myoho renge kyo namu myoho renge kyo namu myoho renge
kyo namu myoho renge kyo
namu myoho renge kyo namu myoho renge kyo namu myoho renge
kyo namu myoho renge kyo
namu myoho renge kyo namu myoho renge kyo namu myoho renge
kyo namu myoho renge kyo
namu myoho renge kyo namu myoho renge kyo namu myoho renge
kyo namu myoho renge kyo
namu myoho renge kyo namu myoho renge kyo namu myoho renge
kyo namu myoho renge kyo

namu myoho renge kyo namu myoho renge kyo namu myoho renge
kyo namu myoho renge kyo
namu myoho renge kyo namu myoho renge kyo namu myoho renge
kyo namu myoho renge kyo
namu myoho renge kyo namu myoho renge kyo namu myoho renge
kyo namu myoho renge kyo
namu myoho renge kyo namu myoho renge kyo namu myoho renge
kyo namu myoho renge kyo
namu myoho renge kyo namu myoho renge kyo namu myoho renge
kyo namu myoho renge kyo
namu myoho renge kyo namu myoho renge kyo namu myoho renge
kyo namu myoho renge kyo
namu myoho renge kyo namu myoho renge kyo namu myoho renge
kyo namu myoho renge kyo
namu myoho renge kyo namu myoho renge kyo namu myoho renge
kyo namu myoho renge kyo
namu myoho renge kyo namu myoho renge kyo namu myoho renge
kyo namu myoho renge kyo
namu myoho renge kyo namu myoho renge kyo namu myoho renge
kyo namu myoho renge kyo
namu myoho renge kyo namu myoho renge kyo namu myoho renge
kyo namu myoho renge kyo
namu myoho renge kyo namu myoho renge kyo namu myoho renge
kyo namu myoho renge kyo
namu myoho renge kyo namu myoho renge kyo namu myoho renge
kyo namu myoho renge kyo
namu myoho renge kyo namu myoho renge kyo namu myoho renge
kyo namu myoho renge kyo
namu myoho renge kyo namu myoho renge kyo namu myoho renge
kyo namu myoho renge kyo
namu myoho renge kyo namu myoho renge kyo namu myoho renge
kyo namu myoho renge kyo
namu myoho renge kyo namu myoho renge kyo namu myoho renge
kyo namu myoho renge kyo

namu myoho renge kyo namu myoho renge kyo namu myoho renge
kyo namu myoho renge kyo
namu myoho renge kyo namu myoho renge kyo namu myoho renge
kyo namu myoho renge kyo
namu myoho renge kyo namu myoho renge kyo namu myoho renge
kyo namu myoho renge kyo
namu myoho renge kyo namu myoho renge kyo namu myoho renge
kyo namu myoho renge kyo

     namu myoho renge kyo namu myoho renge kyo namu
myoho renge kyo namu myoho renge kyo
namu myoho renge kyo namu myoho renge kyo namu myoho renge
kyo namu myoho renge kyo
namu myoho renge kyo namu myoho renge kyo namu myoho renge
kyo namu myoho renge kyo
namu myoho renge kyo namu myoho renge kyo namu myoho renge
kyo namu myoho renge kyo
namu myoho renge kyo namu myoho renge kyo namu myoho renge
kyo namu myoho renge kyo
namu myoho renge kyo namu myoho renge kyo namu myoho renge
kyo namu myoho renge kyo
namu myoho renge kyo namu myoho renge kyo namu myoho renge
kyo namu myoho renge kyo
namu myoho renge kyo namu myoho renge kyo
namu myoho renge kyo namu myoho renge kyo
namu myoho renge kyo namu myoho renge kyo namu myoho renge
kyo namu myoho renge kyo
namu myoho renge kyo namu myoho renge kyo namu myoho renge
kyo namu myoho renge kyo
namu myoho renge kyo namu myoho renge kyo namu myoho renge
kyo namu myoho renge kyo
namu myoho renge kyo namu myoho renge kyo namu myoho renge
kyo namu myoho renge kyo
namu myoho renge kyo namu myoho renge kyo namu myoho renge
kyo namu myoho renge kyo

namu myoho renge kyo namu myoho renge kyo namu myoho renge
kyo namu myoho renge kyo
namu myoho renge kyo namu myoho renge kyo namu myoho renge
kyo namu myoho renge kyo
namu myoho renge kyo namu myoho renge kyo namu myoho renge
kyo namu myoho renge kyo
namu myoho renge kyo namu myoho renge kyo
namu myoho renge kyo
namu myoho renge kyo namu myoho renge kyo namu myoho renge
kyo namu myoho renge kyo
namu myoho renge kyo namu myoho renge kyo namu myoho renge
kyo namu myoho renge kyo
namu myoho renge kyo namu myoho renge kyo namu myoho renge
kyo namu myoho renge kyo
namu myoho renge kyo namu myoho renge kyo namu myoho renge
kyo namu myoho renge kyo
namu myoho renge kyo namu myoho renge kyo namu myoho renge
kyo namu myoho renge kyo
namu myoho renge kyo namu myoho renge kyo namu myoho renge
kyo namu myoho renge kyo
namu myoho renge kyo namu myoho renge kyo namu myoho renge
kyo namu myoho renge kyo
namu myoho renge kyo   namu myoho renge
kyo namu myoho renge kyo
namu myoho renge kyo   namu myoho renge
kyo namu myoho renge kyo
namu myoho renge kyo namu myoho renge kyo namu myoho renge
kyo namu myoho renge kyo
namu myoho renge kyo namu myoho renge kyo namu myoho renge
kyo namu myoho renge kyo
namu myoho renge kyo namu myoho renge kyo namu myoho renge
kyo namu myoho renge kyo
namu myoho renge kyo namu myoho renge kyo namu myoho renge
kyo namu myoho renge kyo
namu myoho renge kyo namu myoho renge kyo
namu myoho renge kyo namu myoho renge kyo

namu myoho renge kyo namu myoho renge kyo namu myoho renge
kyo namu myoho renge kyo namu myoho renge kyo namu myoho
renge kyo
namu myoho renge kyo namu myoho renge kyo namu myoho renge
kyo namu myoho renge kyo
namu myoho renge kyo namu myoho renge
kyo namu myoho renge kyo
namu myoho renge kyo namu myoho renge kyo namu myoho renge
kyo namu myoho renge kyo
namu myoho renge kyo namu myoho renge kyo namu myoho renge
kyo namu myoho renge kyo
namu myoho renge kyo namu myoho renge kyo namu myoho renge
kyo namu myoho renge kyo
namu myoho renge kyo namu myoho renge kyo namu myoho renge
kyo namu myoho renge kyo
namu myoho renge kyo namu myoho renge kyo namu myoho renge
kyo namu myoho renge kyo
namu myoho renge kyo namu myoho renge kyo namu myoho renge
kyo namu myoho renge kyo
namu myoho renge kyo namu myoho renge kyo namu myoho renge
kyo namu myoho renge kyo
namu myoho renge kyo namu myoho renge kyo namu myoho renge
kyo namu myoho renge kyo
namu myoho renge kyo namu myoho renge kyo namu myoho renge
kyo namu myoho renge kyo
namu myoho renge kyo namu myoho renge kyo namu myoho renge
kyo namu myoho renge kyo
namu myoho renge kyo namu myoho renge kyo namu myoho renge
kyo namu myoho renge kyo
namu myoho renge kyo namu myoho renge
kyo namu myoho renge kyo
namu myoho renge kyo namu myoho renge
kyo namu myoho renge kyo
namu myoho renge kyo namu myoho renge
kyo namu myoho renge kyo

namu myoho renge kyo namu myoho renge kyo namu myoho renge
kyo namu myoho renge kyo
namu myoho renge kyo namu myoho renge kyo namu myoho renge
kyo namu myoho renge kyo
namu myoho renge kyo namu myoho renge kyo namu myoho renge
kyo namu myoho renge kyo
namu myoho renge kyo namu myoho renge kyo namu myoho renge
kyo namu myoho renge kyo
namu myoho renge kyo namu myoho renge kyo
namu myoho renge kyo
namu myoho renge kyo namu myoho renge kyo namu myoho renge
kyo namu myoho renge kyo
namu myoho renge kyo namu myoho renge kyo namu myoho renge
kyo namu myoho renge kyo
namu myoho renge kyo namu myoho renge kyo namu myoho renge
kyo namu myoho renge kyo
namu myoho renge kyo namu myoho renge kyo namu myoho renge
kyo namu myoho renge kyo
namu myoho renge kyo namu myoho renge kyo namu myoho renge
kyo namu myoho renge kyo
namu myoho renge kyo namu myoho renge kyo namu myoho renge
kyo namu myoho renge kyo
namu myoho renge kyo namu myoho renge kyo namu myoho renge
kyo namu myoho renge kyo
namu myoho renge kyo namu myoho renge kyo namu myoho renge
kyo namu myoho renge kyo
namu myoho renge kyo namu myoho renge kyo namu myoho renge
kyo namu myoho renge kyo
namu myoho renge kyo namu myoho renge kyo namu myoho renge
kyo namu myoho renge kyo
namu myoho renge kyo namu myoho renge kyo namu myoho renge
kyo namu myoho renge kyo
namu myoho renge kyo namu myoho renge kyo namu myoho renge
kyo namu myoho renge kyo

namu myoho renge kyo namu myoho renge kyo namu myoho renge
kyo namu myoho renge kyo
namu myoho renge kyo namu myoho renge kyo namu myoho renge
kyo namu myoho renge kyo
namu myoho renge kyo namu myoho renge kyo namu myoho renge
kyo namu myoho renge kyo
namu myoho renge kyo namu myoho renge kyo namu myoho renge
kyo namu myoho renge kyo
namu myoho renge kyo namu myoho renge kyo namu myoho renge
kyo namu myoho renge kyo
namu myoho renge kyo namu myoho renge kyo namu myoho renge
kyo namu myoho renge kyo
namu myoho renge kyo namu myoho renge kyo namu myoho renge
kyo namu myoho renge kyo
namu myoho renge kyo namu myoho renge kyo namu myoho renge
kyo namu myoho renge kyo
namu myoho renge kyo namu myoho renge kyo namu myoho renge
kyo namu myoho renge kyo
namu myoho renge kyo namu myoho renge kyo namu myoho renge
kyo namu myoho renge kyo
namu myoho renge kyo namu myoho renge kyo namu myoho renge
kyo namu myoho renge kyo
namu myoho renge kyo namu myoho renge kyo namu myoho renge
kyo namu myoho renge kyo
namu myoho renge kyo namu myoho renge kyo namu myoho renge
kyo namu myoho renge kyo
namu myoho renge kyo namu myoho renge kyo namu myoho renge
kyo namu myoho renge kyo
namu myoho renge kyo namu myoho renge kyo namu myoho renge
kyo namu myoho renge kyo
namu myoho renge kyo namu myoho renge kyo namu myoho renge
kyo namu myoho renge kyo
namu myoho renge kyo namu myoho renge kyo namu myoho renge
kyo namu myoho renge kyo
namu myoho renge kyo namu myoho renge kyo namu myoho renge
kyo namu myoho renge kyo

namu myoho renge kyo namu myoho renge kyo namu myoho renge
kyo namu myoho renge kyo
namu myoho renge kyo namu myoho renge kyo namu myoho renge
kyo namu myoho renge kyo
namu myoho renge kyo namu myoho renge kyo namu myoho renge
kyo namu myoho renge kyo
namu myoho renge kyo namu myoho renge kyo namu myoho renge
kyo namu myoho renge kyo

      namu myoho renge kyo namu myoho renge kyo namu
myoho renge kyo namu myoho renge kyo
namu myoho renge kyo namu myoho renge kyo namu myoho renge
kyo namu myoho renge kyo
namu myoho renge kyo namu myoho renge kyo namu myoho renge
kyo namu myoho renge kyo
namu myoho renge kyo namu myoho renge kyo namu myoho renge
kyo namu myoho renge kyo
namu myoho renge kyo namu myoho renge kyo namu myoho renge
kyo namu myoho renge kyo
namu myoho renge kyo namu myoho renge kyo namu myoho renge
kyo namu myoho renge kyo
namu myoho renge kyo namu myoho renge kyo namu myoho renge
kyo namu myoho renge kyo
namu myoho renge kyo namu myoho renge kyo
namu myoho renge kyo namu myoho renge kyo
namu myoho renge kyo namu myoho renge kyo namu myoho renge
kyo namu myoho renge kyo
namu myoho renge kyo namu myoho renge kyo namu myoho renge
kyo namu myoho renge kyo
namu myoho renge kyo namu myoho renge kyo namu myoho renge
kyo namu myoho renge kyo
namu myoho renge kyo namu myoho renge kyo namu myoho renge
kyo namu myoho renge kyo
namu myoho renge kyo namu myoho renge kyo namu myoho renge
kyo namu myoho renge kyo

namu myoho renge kyo namu myoho renge kyo namu myoho renge
kyo namu myoho renge kyo
namu myoho renge kyo namu myoho renge kyo namu myoho renge
kyo namu myoho renge kyo
namu myoho renge kyo namu myoho renge kyo namu myoho renge
kyo namu myoho renge kyo
namu myoho renge kyo namu myoho renge kyo
namu myoho renge kyo
namu myoho renge kyo namu myoho renge kyo namu myoho renge
kyo namu myoho renge kyo
namu myoho renge kyo namu myoho renge kyo namu myoho renge
kyo namu myoho renge kyo
namu myoho renge kyo namu myoho renge kyo namu myoho renge
kyo namu myoho renge kyo
namu myoho renge kyo namu myoho renge kyo namu myoho renge
kyo namu myoho renge kyo
namu myoho renge kyo namu myoho renge kyo namu myoho renge
kyo namu myoho renge kyo
namu myoho renge kyo namu myoho renge kyo namu myoho renge
kyo namu myoho renge kyo
namu myoho renge kyo namu myoho renge kyo namu myoho renge
kyo namu myoho renge kyo
namu myoho renge kyo   namu myoho renge
kyo namu myoho renge kyo
namu myoho renge kyo   namu myoho renge
kyo namu myoho renge kyo
namu myoho renge kyo namu myoho renge kyo namu myoho renge
kyo namu myoho renge kyo
namu myoho renge kyo namu myoho renge kyo namu myoho renge
kyo namu myoho renge kyo
namu myoho renge kyo namu myoho renge kyo namu myoho renge
kyo namu myoho renge kyo
namu myoho renge kyo namu myoho renge kyo namu myoho renge
kyo namu myoho renge kyo
namu myoho renge kyo namu myoho renge kyo
namu myoho renge kyo namu myoho renge kyo

namu myoho renge kyo namu myoho renge kyo namu myoho renge
kyo namu myoho renge kyo namu myoho renge kyo namu myoho
renge kyo
namu myoho renge kyo namu myoho renge kyo namu myoho renge
kyo namu myoho renge kyo
                        namu myoho renge kyo namu myoho renge
kyo namu myoho renge kyo
namu myoho renge kyo namu myoho renge kyo namu myoho renge
kyo namu myoho renge kyo
namu myoho renge kyo namu myoho renge kyo namu myoho renge
kyo namu myoho renge kyo
namu myoho renge kyo namu myoho renge kyo namu myoho renge
kyo namu myoho renge kyo
namu myoho renge kyo namu myoho renge kyo namu myoho renge
kyo namu myoho renge kyo
namu myoho renge kyo namu myoho renge kyo namu myoho renge
kyo namu myoho renge kyo
namu myoho renge kyo namu myoho renge kyo namu myoho renge
kyo namu myoho renge kyo
namu myoho renge kyo namu myoho renge kyo namu myoho renge
kyo namu myoho renge kyo
namu myoho renge kyo namu myoho renge kyo namu myoho renge
kyo namu myoho renge kyo
namu myoho renge kyo namu myoho renge kyo namu myoho renge
kyo namu myoho renge kyo
namu myoho renge kyo namu myoho renge kyo namu myoho renge
kyo namu myoho renge kyo
                        namu myoho renge kyo namu myoho renge
kyo namu myoho renge kyo
                        namu myoho renge kyo namu myoho renge
kyo namu myoho renge kyo
                        namu myoho renge kyo namu myoho renge
kyo namu myoho renge kyo

namu myoho renge kyo namu myoho renge kyo namu myoho renge
kyo namu myoho renge kyo
namu myoho renge kyo namu myoho renge kyo namu myoho renge
kyo namu myoho renge kyo
namu myoho renge kyo namu myoho renge kyo namu myoho renge
kyo namu myoho renge kyo
namu myoho renge kyo namu myoho renge kyo namu myoho renge
kyo namu myoho renge kyo
namu myoho renge kyo namu myoho renge kyo
namu myoho renge kyo
namu myoho renge kyo namu myoho renge kyo namu myoho renge
kyo namu myoho renge kyo
namu myoho renge kyo namu myoho renge kyo namu myoho renge
kyo namu myoho renge kyo
namu myoho renge kyo namu myoho renge kyo namu myoho renge
kyo namu myoho renge kyo
namu myoho renge kyo namu myoho renge kyo namu myoho renge
kyo namu myoho renge kyo
namu myoho renge kyo namu myoho renge kyo namu myoho renge
kyo namu myoho renge kyo
namu myoho renge kyo namu myoho renge kyo namu myoho renge
kyo namu myoho renge kyo
namu myoho renge kyo namu myoho renge kyo namu myoho renge
kyo namu myoho renge kyo
namu myoho renge kyo namu myoho renge kyo namu myoho renge
kyo namu myoho renge kyo
namu myoho renge kyo namu myoho renge kyo namu myoho renge
kyo namu myoho renge kyo
namu myoho renge kyo namu myoho renge kyo namu myoho renge
kyo namu myoho renge kyo
namu myoho renge kyo namu myoho renge kyo namu myoho renge
kyo namu myoho renge kyo
namu myoho renge kyo namu myoho renge kyo namu myoho renge
kyo namu myoho renge kyo
namu myoho renge kyo namu myoho renge kyo namu myoho renge
kyo namu myoho renge kyo

namu myoho renge kyo namu myoho renge kyo namu myoho renge
kyo namu myoho renge kyo
namu myoho renge kyo namu myoho renge kyo namu myoho renge
kyo namu myoho renge kyo
namu myoho renge kyo namu myoho renge kyo namu myoho renge
kyo namu myoho renge kyo
namu myoho renge kyo namu myoho renge kyo namu myoho renge
kyo namu myoho renge kyo
namu myoho renge kyo namu myoho renge kyo namu myoho renge
kyo namu myoho renge kyo
namu myoho renge kyo namu myoho renge kyo namu myoho renge
kyo namu myoho renge kyo
namu myoho renge kyo namu myoho renge kyo namu myoho renge
kyo namu myoho renge kyo
namu myoho renge kyo namu myoho renge kyo namu myoho renge
kyo namu myoho renge kyo
namu myoho renge kyo namu myoho renge kyo namu myoho renge
kyo namu myoho renge kyo
namu myoho renge kyo namu myoho renge kyo namu myoho renge
kyo namu myoho renge kyo
namu myoho renge kyo namu myoho renge kyo namu myoho renge
kyo namu myoho renge kyo
namu myoho renge kyo namu myoho renge kyo namu myoho renge
kyo namu myoho renge kyo
namu myoho renge kyo namu myoho renge kyo namu myoho renge
kyo namu myoho renge kyo
namu myoho renge kyo namu myoho renge kyo namu myoho renge
kyo namu myoho renge kyo
namu myoho renge kyo namu myoho renge kyo namu myoho renge
kyo namu myoho renge kyo
namu myoho renge kyo namu myoho renge kyo namu myoho renge
kyo namu myoho renge kyo
namu myoho renge kyo namu myoho renge kyo namu myoho renge
kyo namu myoho renge kyo
namu myoho renge kyo namu myoho renge kyo namu myoho renge
kyo namu myoho renge kyo

namu myoho renge kyo namu myoho renge kyo namu myoho renge
kyo namu myoho renge kyo
namu myoho renge kyo namu myoho renge kyo namu myoho renge
kyo namu myoho renge kyo
namu myoho renge kyo namu myoho renge kyo namu myoho renge
kyo namu myoho renge kyo
namu myoho renge kyo namu myoho renge kyo namu myoho renge
kyo namu myoho renge kyo

namu myoho renge kyo namu myoho renge kyo namu
myoho renge kyo namu myoho renge kyo
namu myoho renge kyo namu myoho renge kyo namu myoho renge
kyo namu myoho renge kyo
namu myoho renge kyo namu myoho renge kyo namu myoho renge
kyo namu myoho renge kyo
namu myoho renge kyo namu myoho renge kyo namu myoho renge
kyo namu myoho renge kyo
namu myoho renge kyo namu myoho renge kyo namu myoho renge
kyo namu myoho renge kyo
namu myoho renge kyo namu myoho renge kyo namu myoho renge
kyo namu myoho renge kyo
namu myoho renge kyo namu myoho renge kyo namu myoho renge
kyo namu myoho renge kyo
namu myoho renge kyo namu myoho renge kyo
namu myoho renge kyo namu myoho renge kyo
namu myoho renge kyo namu myoho renge kyo namu myoho renge
kyo namu myoho renge kyo
namu myoho renge kyo namu myoho renge kyo namu myoho renge
kyo namu myoho renge kyo
namu myoho renge kyo namu myoho renge kyo namu myoho renge
kyo namu myoho renge kyo
namu myoho renge kyo namu myoho renge kyo namu myoho renge
kyo namu myoho renge kyo
namu myoho renge kyo namu myoho renge kyo namu myoho renge
kyo namu myoho renge kyo

namu myoho renge kyo namu myoho renge kyo namu myoho renge
kyo namu myoho renge kyo
namu myoho renge kyo namu myoho renge kyo namu myoho renge
kyo namu myoho renge kyo
namu myoho renge kyo namu myoho renge kyo namu myoho renge
kyo namu myoho renge kyo
namu myoho renge kyo namu myoho renge kyo
namu myoho renge kyo
namu myoho renge kyo namu myoho renge kyo namu myoho renge
kyo namu myoho renge kyo
namu myoho renge kyo namu myoho renge kyo namu myoho renge
kyo namu myoho renge kyo
namu myoho renge kyo namu myoho renge kyo namu myoho renge
kyo namu myoho renge kyo
namu myoho renge kyo namu myoho renge kyo namu myoho renge
kyo namu myoho renge kyo
namu myoho renge kyo namu myoho renge kyo namu myoho renge
kyo namu myoho renge kyo
namu myoho renge kyo namu myoho renge kyo namu myoho renge
kyo namu myoho renge kyo
namu myoho renge kyo namu myoho renge kyo namu myoho renge
kyo namu myoho renge kyo
namu myoho renge kyo   namu myoho renge
kyo namu myoho renge kyo
namu myoho renge kyo   namu myoho renge
kyo namu myoho renge kyo
namu myoho renge kyo namu myoho renge kyo namu myoho renge
kyo namu myoho renge kyo
namu myoho renge kyo namu myoho renge kyo namu myoho renge
kyo namu myoho renge kyo
namu myoho renge kyo namu myoho renge kyo namu myoho renge
kyo namu myoho renge kyo
namu myoho renge kyo namu myoho renge kyo namu myoho renge
kyo namu myoho renge kyo
namu myoho renge kyo namu myoho renge kyo
namu myoho renge kyo namu myoho renge kyo

namu myoho renge kyo namu myoho renge kyo namu myoho renge
kyo namu myoho renge kyo namu myoho renge kyo namu myoho
renge kyo
namu myoho renge kyo namu myoho renge kyo namu myoho renge
kyo namu myoho renge kyo
                    namu myoho renge kyo namu myoho renge
kyo namu myoho renge kyo
namu myoho renge kyo namu myoho renge kyo namu myoho renge
kyo namu myoho renge kyo
namu myoho renge kyo namu myoho renge kyo namu myoho renge
kyo namu myoho renge kyo
namu myoho renge kyo namu myoho renge kyo namu myoho renge
kyo namu myoho renge kyo
namu myoho renge kyo namu myoho renge kyo namu myoho renge
kyo namu myoho renge kyo
namu myoho renge kyo namu myoho renge kyo namu myoho renge
kyo namu myoho renge kyo
namu myoho renge kyo namu myoho renge kyo namu myoho renge
kyo namu myoho renge kyo
namu myoho renge kyo namu myoho renge kyo namu myoho renge
kyo namu myoho renge kyo
namu myoho renge kyo namu myoho renge kyo namu myoho renge
kyo namu myoho renge kyo
namu myoho renge kyo namu myoho renge kyo namu myoho renge
kyo namu myoho renge kyo
namu myoho renge kyo namu myoho renge kyo namu myoho renge
kyo namu myoho renge kyo
namu myoho renge kyo namu myoho renge kyo namu myoho renge
kyo namu myoho renge kyo
                    namu myoho renge kyo namu myoho renge
kyo namu myoho renge kyo
                    namu myoho renge kyo namu myoho renge
kyo namu myoho renge kyo
                    namu myoho renge kyo namu myoho renge
kyo namu myoho renge kyo

namu myoho renge kyo namu myoho renge kyo namu myoho renge
kyo namu myoho renge kyo
namu myoho renge kyo namu myoho renge kyo namu myoho renge
kyo namu myoho renge kyo
namu myoho renge kyo namu myoho renge kyo namu myoho renge
kyo namu myoho renge kyo
namu myoho renge kyo namu myoho renge kyo namu myoho renge
kyo namu myoho renge kyo
namu myoho renge kyo namu myoho renge kyo
namu myoho renge kyo
namu myoho renge kyo namu myoho renge kyo namu myoho renge
kyo namu myoho renge kyo
namu myoho renge kyo namu myoho renge kyo namu myoho renge
kyo namu myoho renge kyo
namu myoho renge kyo namu myoho renge kyo namu myoho renge
kyo namu myoho renge kyo
namu myoho renge kyo namu myoho renge kyo namu myoho renge
kyo namu myoho renge kyo
namu myoho renge kyo namu myoho renge kyo namu myoho renge
kyo namu myoho renge kyo
namu myoho renge kyo namu myoho renge kyo namu myoho renge
kyo namu myoho renge kyo
namu myoho renge kyo namu myoho renge kyo namu myoho renge
kyo namu myoho renge kyo
namu myoho renge kyo namu myoho renge kyo namu myoho renge
kyo namu myoho renge kyo
namu myoho renge kyo namu myoho renge kyo namu myoho renge
kyo namu myoho renge kyo
namu myoho renge kyo namu myoho renge kyo namu myoho renge
kyo namu myoho renge kyo
namu myoho renge kyo namu myoho renge kyo namu myoho renge
kyo namu myoho renge kyo
namu myoho renge kyo namu myoho renge kyo namu myoho renge
kyo namu myoho renge kyo

namu myoho renge kyo namu myoho renge kyo namu myoho renge
kyo namu myoho renge kyo
namu myoho renge kyo namu myoho renge kyo namu myoho renge
kyo namu myoho renge kyo
namu myoho renge kyo namu myoho renge kyo namu myoho renge
kyo namu myoho renge kyo
namu myoho renge kyo namu myoho renge kyo namu myoho renge
kyo namu myoho renge kyo
namu myoho renge kyo namu myoho renge kyo namu myoho renge
kyo namu myoho renge kyo
namu myoho renge kyo namu myoho renge kyo namu myoho renge
kyo namu myoho renge kyo
namu myoho renge kyo namu myoho renge kyo namu myoho renge
kyo namu myoho renge kyo
namu myoho renge kyo namu myoho renge kyo namu myoho renge
kyo namu myoho renge kyo
namu myoho renge kyo namu myoho renge kyo namu myoho renge
kyo namu myoho renge kyo
namu myoho renge kyo namu myoho renge kyo namu myoho renge
kyo namu myoho renge kyo
namu myoho renge kyo namu myoho renge kyo namu myoho renge
kyo namu myoho renge kyo
namu myoho renge kyo namu myoho renge kyo namu myoho renge
kyo namu myoho renge kyo
namu myoho renge kyo namu myoho renge kyo namu myoho renge
kyo namu myoho renge kyo
namu myoho renge kyo namu myoho renge kyo namu myoho renge
kyo namu myoho renge kyo
namu myoho renge kyo namu myoho renge kyo namu myoho renge
kyo namu myoho renge kyo
namu myoho renge kyo namu myoho renge kyo namu myoho renge
kyo namu myoho renge kyo
namu myoho renge kyo namu myoho renge kyo namu myoho renge
kyo namu myoho renge kyo
namu myoho renge kyo namu myoho renge kyo namu myoho renge
kyo namu myoho renge kyo
namu myoho renge kyo namu myoho renge kyo namu myoho renge
kyo namu myoho renge kyo

namu myoho renge kyo namu myoho renge kyo namu myoho renge
kyo namu myoho renge kyo
namu myoho renge kyo namu myoho renge kyo namu myoho renge
kyo namu myoho renge kyo
namu myoho renge kyo namu myoho renge kyo namu myoho renge
kyo namu myoho renge kyo
namu myoho renge kyo namu myoho renge kyo namu myoho renge
kyo namu myoho renge kyo

namu myoho renge kyo namu myoho renge kyo namu
myoho renge kyo namu myoho renge kyo
namu myoho renge kyo namu myoho renge kyo namu myoho renge
kyo namu myoho renge kyo
namu myoho renge kyo namu myoho renge kyo namu myoho renge
kyo namu myoho renge kyo
namu myoho renge kyo namu myoho renge kyo namu myoho renge
kyo namu myoho renge kyo
namu myoho renge kyo namu myoho renge kyo namu myoho renge
kyo namu myoho renge kyo
namu myoho renge kyo namu myoho renge kyo namu myoho renge
kyo namu myoho renge kyo
namu myoho renge kyo namu myoho renge kyo namu myoho renge
kyo namu myoho renge kyo
namu myoho renge kyo namu myoho renge kyo
namu myoho renge kyo namu myoho renge kyo
namu myoho renge kyo namu myoho renge kyo namu myoho renge
kyo namu myoho renge kyo
namu myoho renge kyo namu myoho renge kyo namu myoho renge
kyo namu myoho renge kyo
namu myoho renge kyo namu myoho renge kyo namu myoho renge
kyo namu myoho renge kyo
namu myoho renge kyo namu myoho renge kyo namu myoho renge
kyo namu myoho renge kyo
namu myoho renge kyo namu myoho renge kyo namu myoho renge
kyo namu myoho renge kyo

namu myoho renge kyo namu myoho renge kyo namu myoho renge
kyo namu myoho renge kyo
namu myoho renge kyo namu myoho renge kyo namu myoho renge
kyo namu myoho renge kyo
namu myoho renge kyo namu myoho renge kyo namu myoho renge
kyo namu myoho renge kyo
namu myoho renge kyo namu myoho renge kyo
namu myoho renge kyo
namu myoho renge kyo namu myoho renge kyo namu myoho renge
kyo namu myoho renge kyo
namu myoho renge kyo namu myoho renge kyo namu myoho renge
kyo namu myoho renge kyo
namu myoho renge kyo namu myoho renge kyo namu myoho renge
kyo namu myoho renge kyo
namu myoho renge kyo namu myoho renge kyo namu myoho renge
kyo namu myoho renge kyo
namu myoho renge kyo namu myoho renge kyo namu myoho renge
kyo namu myoho renge kyo
namu myoho renge kyo namu myoho renge kyo namu myoho renge
kyo namu myoho renge kyo
namu myoho renge kyo namu myoho renge kyo namu myoho renge
kyo namu myoho renge kyo
namu myoho renge kyo   namu myoho renge
kyo namu myoho renge kyo
namu myoho renge kyo   namu myoho renge
kyo namu myoho renge kyo
namu myoho renge kyo namu myoho renge kyo namu myoho renge
kyo namu myoho renge kyo
namu myoho renge kyo namu myoho renge kyo namu myoho renge
kyo namu myoho renge kyo
namu myoho renge kyo namu myoho renge kyo namu myoho renge
kyo namu myoho renge kyo
namu myoho renge kyo namu myoho renge kyo namu myoho renge
kyo namu myoho renge kyo
namu myoho renge kyo namu myoho renge kyo
namu myoho renge kyo namu myoho renge kyo

namu myoho renge kyo namu myoho renge kyo namu myoho renge
kyo namu myoho renge kyo namu myoho renge kyo namu myoho
renge kyo

namu myoho renge kyo namu myoho renge kyo namu myoho renge
kyo namu myoho renge kyo

namu myoho renge kyo namu myoho renge
kyo namu myoho renge kyo

namu myoho renge kyo namu myoho renge kyo namu myoho renge
kyo namu myoho renge kyo

namu myoho renge kyo namu myoho renge kyo namu myoho renge
kyo namu myoho renge kyo

namu myoho renge kyo namu myoho renge kyo namu myoho renge
kyo namu myoho renge kyo

namu myoho renge kyo namu myoho renge kyo namu myoho renge
kyo namu myoho renge kyo

namu myoho renge kyo namu myoho renge kyo namu myoho renge
kyo namu myoho renge kyo

namu myoho renge kyo namu myoho renge kyo namu myoho renge
kyo namu myoho renge kyo

namu myoho renge kyo namu myoho renge kyo namu myoho renge
kyo namu myoho renge kyo

namu myoho renge kyo namu myoho renge kyo namu myoho renge
kyo namu myoho renge kyo

namu myoho renge kyo namu myoho renge kyo namu myoho renge
kyo namu myoho renge kyo

namu myoho renge kyo namu myoho renge kyo namu myoho renge
kyo namu myoho renge kyo

namu myoho renge kyo namu myoho renge
kyo namu myoho renge kyo

namu myoho renge kyo namu myoho renge
kyo namu myoho renge kyo

namu myoho renge kyo namu myoho renge
kyo namu myoho renge kyo

namu myoho renge kyo namu myoho renge kyo namu myoho renge
kyo namu myoho renge kyo
namu myoho renge kyo namu myoho renge kyo namu myoho renge
kyo namu myoho renge kyo
namu myoho renge kyo namu myoho renge kyo namu myoho renge
kyo namu myoho renge kyo
namu myoho renge kyo namu myoho renge kyo namu myoho renge
kyo namu myoho renge kyo
namu myoho renge kyo namu myoho renge kyo
namu myoho renge kyo
namu myoho renge kyo namu myoho renge kyo namu myoho renge
kyo namu myoho renge kyo
namu myoho renge kyo namu myoho renge kyo namu myoho renge
kyo namu myoho renge kyo
namu myoho renge kyo namu myoho renge kyo namu myoho renge
kyo namu myoho renge kyo
namu myoho renge kyo namu myoho renge kyo namu myoho renge
kyo namu myoho renge kyo
namu myoho renge kyo namu myoho renge kyo namu myoho renge
kyo namu myoho renge kyo
namu myoho renge kyo namu myoho renge kyo namu myoho renge
kyo namu myoho renge kyo
namu myoho renge kyo namu myoho renge kyo namu myoho renge
kyo namu myoho renge kyo
namu myoho renge kyo namu myoho renge kyo namu myoho renge
kyo namu myoho renge kyo
namu myoho renge kyo namu myoho renge kyo namu myoho renge
kyo namu myoho renge kyo
namu myoho renge kyo namu myoho renge kyo namu myoho renge
kyo namu myoho renge kyo
namu myoho renge kyo namu myoho renge kyo namu myoho renge
kyo namu myoho renge kyo
namu myoho renge kyo namu myoho renge kyo namu myoho renge
kyo namu myoho renge kyo
namu myoho renge kyo namu myoho renge kyo namu myoho renge
kyo namu myoho renge kyo

namu myoho renge kyo namu myoho renge kyo namu myoho renge
kyo namu myoho renge kyo
namu myoho renge kyo namu myoho renge kyo namu myoho renge
kyo namu myoho renge kyo
namu myoho renge kyo namu myoho renge kyo namu myoho renge
kyo namu myoho renge kyo
namu myoho renge kyo namu myoho renge kyo namu myoho renge
kyo namu myoho renge kyo
namu myoho renge kyo namu myoho renge kyo namu myoho renge
kyo namu myoho renge kyo
namu myoho renge kyo namu myoho renge kyo namu myoho renge
kyo namu myoho renge kyo
namu myoho renge kyo namu myoho renge kyo namu myoho renge
kyo namu myoho renge kyo
namu myoho renge kyo namu myoho renge kyo namu myoho renge
kyo namu myoho renge kyo
namu myoho renge kyo namu myoho renge kyo namu myoho renge
kyo namu myoho renge kyo
namu myoho renge kyo namu myoho renge kyo namu myoho renge
kyo namu myoho renge kyo
namu myoho renge kyo namu myoho renge kyo namu myoho renge
kyo namu myoho renge kyo
namu myoho renge kyo namu myoho renge kyo namu myoho renge
kyo namu myoho renge kyo
namu myoho renge kyo namu myoho renge kyo namu myoho renge
kyo namu myoho renge kyo
namu myoho renge kyo namu myoho renge kyo namu myoho renge
kyo namu myoho renge kyo
namu myoho renge kyo namu myoho renge kyo namu myoho renge
kyo namu myoho renge kyo
namu myoho renge kyo namu myoho renge kyo namu myoho renge
kyo namu myoho renge kyo
namu myoho renge kyo namu myoho renge kyo namu myoho renge
kyo namu myoho renge kyo
namu myoho renge kyo namu myoho renge kyo namu myoho renge
kyo namu myoho renge kyo

namu myoho renge kyo namu myoho renge kyo namu myoho renge
kyo namu myoho renge kyo
namu myoho renge kyo namu myoho renge kyo namu myoho renge
kyo namu myoho renge kyo
namu myoho renge kyo namu myoho renge kyo namu myoho renge
kyo namu myoho renge kyo
namu myoho renge kyo namu myoho renge kyo namu myoho renge
kyo namu myoho renge kyo

namu myoho renge kyo namu myoho renge kyo namu
myoho renge kyo namu myoho renge kyo
namu myoho renge kyo namu myoho renge kyo namu myoho renge
kyo namu myoho renge kyo
namu myoho renge kyo namu myoho renge kyo namu myoho renge
kyo namu myoho renge kyo
namu myoho renge kyo namu myoho renge kyo namu myoho renge
kyo namu myoho renge kyo
namu myoho renge kyo namu myoho renge kyo namu myoho renge
kyo namu myoho renge kyo
namu myoho renge kyo namu myoho renge kyo namu myoho renge
kyo namu myoho renge kyo
namu myoho renge kyo namu myoho renge kyo namu myoho renge
kyo namu myoho renge kyo
namu myoho renge kyo namu myoho renge kyo
namu myoho renge kyo namu myoho renge kyo
namu myoho renge kyo namu myoho renge kyo namu myoho renge
kyo namu myoho renge kyo
namu myoho renge kyo namu myoho renge kyo namu myoho renge
kyo namu myoho renge kyo
namu myoho renge kyo namu myoho renge kyo namu myoho renge
kyo namu myoho renge kyo
namu myoho renge kyo namu myoho renge kyo namu myoho renge
kyo namu myoho renge kyo
namu myoho renge kyo namu myoho renge kyo namu myoho renge
kyo namu myoho renge kyo

namu myoho renge kyo namu myoho renge kyo namu myoho renge
kyo namu myoho renge kyo
namu myoho renge kyo namu myoho renge kyo namu myoho renge
kyo namu myoho renge kyo
namu myoho renge kyo namu myoho renge kyo namu myoho renge
kyo namu myoho renge kyo
namu myoho renge kyo namu myoho renge kyo
namu myoho renge kyo
namu myoho renge kyo namu myoho renge kyo namu myoho renge
kyo namu myoho renge kyo
namu myoho renge kyo namu myoho renge kyo namu myoho renge
kyo namu myoho renge kyo
namu myoho renge kyo namu myoho renge kyo namu myoho renge
kyo namu myoho renge kyo
namu myoho renge kyo namu myoho renge kyo namu myoho renge
kyo namu myoho renge kyo
namu myoho renge kyo namu myoho renge kyo namu myoho renge
kyo namu myoho renge kyo
namu myoho renge kyo namu myoho renge kyo namu myoho renge
kyo namu myoho renge kyo
namu myoho renge kyo namu myoho renge kyo namu myoho renge
kyo namu myoho renge kyo
namu myoho renge kyo   namu myoho renge
kyo namu myoho renge kyo
namu myoho renge kyo   namu myoho renge
kyo namu myoho renge kyo
namu myoho renge kyo namu myoho renge kyo namu myoho renge
kyo namu myoho renge kyo
namu myoho renge kyo namu myoho renge kyo namu myoho renge
kyo namu myoho renge kyo
namu myoho renge kyo namu myoho renge kyo namu myoho renge
kyo namu myoho renge kyo
namu myoho renge kyo namu myoho renge kyo namu myoho renge
kyo namu myoho renge kyo
namu myoho renge kyo namu myoho renge kyo
namu myoho renge kyo namu myoho renge kyo

namu myoho renge kyo namu myoho renge kyo namu myoho renge
kyo namu myoho renge kyo namu myoho renge kyo namu myoho
renge kyo
namu myoho renge kyo namu myoho renge kyo namu myoho renge
kyo namu myoho renge kyo
      namu myoho renge kyo namu myoho renge
kyo namu myoho renge kyo
namu myoho renge kyo namu myoho renge kyo namu myoho renge
kyo namu myoho renge kyo
namu myoho renge kyo namu myoho renge kyo namu myoho renge
kyo namu myoho renge kyo
namu myoho renge kyo namu myoho renge kyo namu myoho renge
kyo namu myoho renge kyo
namu myoho renge kyo namu myoho renge kyo namu myoho renge
kyo namu myoho renge kyo
namu myoho renge kyo namu myoho renge kyo namu myoho renge
kyo namu myoho renge kyo
namu myoho renge kyo namu myoho renge kyo namu myoho renge
kyo namu myoho renge kyo
namu myoho renge kyo namu myoho renge kyo namu myoho renge
kyo namu myoho renge kyo
namu myoho renge kyo namu myoho renge kyo namu myoho renge
kyo namu myoho renge kyo
namu myoho renge kyo namu myoho renge kyo namu myoho renge
kyo namu myoho renge kyo
namu myoho renge kyo namu myoho renge kyo namu myoho renge
kyo namu myoho renge kyo
namu myoho renge kyo namu myoho renge kyo namu myoho renge
kyo namu myoho renge kyo
      namu myoho renge kyo namu myoho renge
kyo namu myoho renge kyo
      namu myoho renge kyo namu myoho renge
kyo namu myoho renge kyo
      namu myoho renge kyo namu myoho renge
kyo namu myoho renge kyo

namu myoho renge kyo namu myoho renge kyo namu myoho renge
kyo namu myoho renge kyo
namu myoho renge kyo namu myoho renge kyo namu myoho renge
kyo namu myoho renge kyo
namu myoho renge kyo namu myoho renge kyo namu myoho renge
kyo namu myoho renge kyo
namu myoho renge kyo namu myoho renge kyo namu myoho renge
kyo namu myoho renge kyo
namu myoho renge kyo namu myoho renge kyo
namu myoho renge kyo
namu myoho renge kyo namu myoho renge kyo namu myoho renge
kyo namu myoho renge kyo
namu myoho renge kyo namu myoho renge kyo namu myoho renge
kyo namu myoho renge kyo
namu myoho renge kyo namu myoho renge kyo namu myoho renge
kyo namu myoho renge kyo
namu myoho renge kyo namu myoho renge kyo namu myoho renge
kyo namu myoho renge kyo
namu myoho renge kyo namu myoho renge kyo namu myoho renge
kyo namu myoho renge kyo
namu myoho renge kyo namu myoho renge kyo namu myoho renge
kyo namu myoho renge kyo
namu myoho renge kyo namu myoho renge kyo namu myoho renge
kyo namu myoho renge kyo
namu myoho renge kyo namu myoho renge kyo namu myoho renge
kyo namu myoho renge kyo
namu myoho renge kyo namu myoho renge kyo namu myoho renge
kyo namu myoho renge kyo
namu myoho renge kyo namu myoho renge kyo namu myoho renge
kyo namu myoho renge kyo
namu myoho renge kyo namu myoho renge kyo namu myoho renge
kyo namu myoho renge kyo
namu myoho renge kyo namu myoho renge kyo namu myoho renge
kyo namu myoho renge kyo

namu myoho renge kyo namu myoho renge kyo namu myoho renge
kyo namu myoho renge kyo
namu myoho renge kyo namu myoho renge kyo namu myoho renge
kyo namu myoho renge kyo
namu myoho renge kyo namu myoho renge kyo namu myoho renge
kyo namu myoho renge kyo
namu myoho renge kyo namu myoho renge kyo namu myoho renge
kyo namu myoho renge kyo
namu myoho renge kyo namu myoho renge kyo namu myoho renge
kyo namu myoho renge kyo
namu myoho renge kyo namu myoho renge kyo namu myoho renge
kyo namu myoho renge kyo
namu myoho renge kyo namu myoho renge kyo namu myoho renge
kyo namu myoho renge kyo
namu myoho renge kyo namu myoho renge kyo namu myoho renge
kyo namu myoho renge kyo
namu myoho renge kyo namu myoho renge kyo namu myoho renge
kyo namu myoho renge kyo
namu myoho renge kyo namu myoho renge kyo namu myoho renge
kyo namu myoho renge kyo
namu myoho renge kyo namu myoho renge kyo namu myoho renge
kyo namu myoho renge kyo
namu myoho renge kyo namu myoho renge kyo namu myoho renge
kyo namu myoho renge kyo
namu myoho renge kyo namu myoho renge kyo namu myoho renge
kyo namu myoho renge kyo
namu myoho renge kyo namu myoho renge kyo namu myoho renge
kyo namu myoho renge kyo
namu myoho renge kyo namu myoho renge kyo namu myoho renge
kyo namu myoho renge kyo
namu myoho renge kyo namu myoho renge kyo namu myoho renge
kyo namu myoho renge kyo
namu myoho renge kyo namu myoho renge kyo namu myoho renge
kyo namu myoho renge kyo
namu myoho renge kyo namu myoho renge kyo namu myoho renge
kyo namu myoho renge kyo

namu myoho renge kyo namu myoho renge kyo namu myoho renge
kyo namu myoho renge kyo
namu myoho renge kyo namu myoho renge kyo namu myoho renge
kyo namu myoho renge kyo
namu myoho renge kyo namu myoho renge kyo namu myoho renge
kyo namu myoho renge kyo
namu myoho renge kyo namu myoho renge kyo namu myoho renge
kyo namu myoho renge kyo

       namu myoho renge kyo namu myoho renge kyo namu
myoho renge kyo namu myoho renge kyo
namu myoho renge kyo namu myoho renge kyo namu myoho renge
kyo namu myoho renge kyo
namu myoho renge kyo namu myoho renge kyo namu myoho renge
kyo namu myoho renge kyo
namu myoho renge kyo namu myoho renge kyo namu myoho renge
kyo namu myoho renge kyo
namu myoho renge kyo namu myoho renge kyo namu myoho renge
kyo namu myoho renge kyo
namu myoho renge kyo namu myoho renge kyo namu myoho renge
kyo namu myoho renge kyo
namu myoho renge kyo namu myoho renge kyo namu myoho renge
kyo namu myoho renge kyo
namu myoho renge kyo namu myoho renge kyo
namu myoho renge kyo namu myoho renge kyo
namu myoho renge kyo namu myoho renge kyo namu myoho renge
kyo namu myoho renge kyo
namu myoho renge kyo namu myoho renge kyo namu myoho renge
kyo namu myoho renge kyo
namu myoho renge kyo namu myoho renge kyo namu myoho renge
kyo namu myoho renge kyo
namu myoho renge kyo namu myoho renge kyo namu myoho renge
kyo namu myoho renge kyo
namu myoho renge kyo namu myoho renge kyo namu myoho renge
kyo namu myoho renge kyo

namu myoho renge kyo namu myoho renge kyo namu myoho renge
kyo namu myoho renge kyo
namu myoho renge kyo namu myoho renge kyo namu myoho renge
kyo namu myoho renge kyo
namu myoho renge kyo namu myoho renge kyo namu myoho renge
kyo namu myoho renge kyo
namu myoho renge kyo namu myoho renge kyo namu myoho renge
kyo namu myoho renge kyo
namu myoho renge kyo
namu myoho renge kyo namu myoho renge kyo namu myoho renge
kyo namu myoho renge kyo
namu myoho renge kyo   namu myoho renge
kyo namu myoho renge kyo namu myoho renge kyo
namu myoho renge kyo namu myoho renge kyo namu myoho renge
kyo namu myoho renge kyo
namu myoho renge kyo namu myoho renge kyo namu myoho renge
kyo namu myoho renge kyo
namu myoho renge kyo namu myoho renge kyo namu myoho renge
kyo namu myoho renge kyo
namu myoho renge kyo namu myoho renge kyo namu myoho renge
kyo namu myoho renge kyo
namu myoho renge kyo namu myoho renge kyo namu myoho renge
kyo namu myoho renge kyo
namu myoho renge kyo namu myoho renge kyo namu myoho renge
kyo namu myoho renge kyo
namu myoho renge kyo namu myoho renge kyo namu myoho renge
kyo namu myoho renge kyo
namu myoho renge kyo namu myoho renge kyo
namu myoho renge kyo namu myoho renge kyo
namu myoho renge kyo
um, oh, wait.

Cemetery

            from blanket
            staring up at
squirrel dancing
            branches of
dying oak

                watch eyes of
                        sky through
                weary branches
                        to guitar

                        little Indians dance
                                dead pets into
                        roots crumbling
                                tree and I
                        share space

Too Much

Iron fists
clench crutches of
hopeless leaning
as a tyrant of pain
steams attention and attempts to
digest a flight that is a
welcomed escape
from unnoticed care.

Fish fry, formaldehyde,
mutilated waste.

Splattering of communication
ends
different directional
explosions. Pretending
burns like unavailability
creeping into a focus on
future gambles.

By the time you find
The forked road of depression,
the swell of
self-improvement will already
scrutinized gleeful seventy-five
plain, white poems of pity
like tightness.

If, at the end of the day,
you can drown out the
explosive like financial glaciers of
slender meandering focal like ribbons
with sleep
and, turning your back to the unnecessary, the

evening will be won
and the purposeful crickets
propelled forward from disassociation

will turn to dead leaves and the thick dust of
nothing gets attention anymore
will settle on something other than
your vulnerable,
leathery,
love pump.

Sketches of the Midwest

1.

Palsied woman standing at microphone,
body shaky and words illegible
her poem brings her to tears.
Her poem is more beautiful this way.

2.

boombox street preacher
reading Bible verses in
strategic location
giving Christ to
unnoticing townies

3.

Tallest Poet on Earth
spreading beauty of filth
as everyone in room
pays close attention
to what they want to
claim offense to later.
At least the giant goon
actually has an audience.

4.

College graduate,
living life of meaningful pursuit,
reciting his A+ work
from neatly stapled packet
as other attendees
work on their dinners.
Poetry ignored by even those who claim to cherish it.

Lincoln Square's
walking ghost theatre
awakens belief
in Decatur
and you can feel
it's past grandeur
and as the shadow follows me
down the parallel aisle.
It's huge with the house
and colossal in the dark
and it never lets you sit alone.
It's friendly and inviting
and alive on its own.

Friendly.
Very friendly.
Beautiful Imposter
whiplash repeating kiss
of two young lovers
to death.
Bums some smokes
and likes talking shop.

Cahokia dancers
surrounding the Monk
going unnoticed for thousands of years
dancing the Sun into the sky
as we eat pb&j

duct tape holding shoes together
shopping bags keeping cemetery's
untouched snow out
walking with "the Black Saint and the Sinner Lady"

9.

Stained glass city of shapes
blanketing Black Daniel
with half-smoked cigarettes on ledges.
Bad luck last night
leaves him drinking mouthwash
in the garbage-strewn gutter.
Struggling with tissues,
his hands find work
giving patrons a hard time
referencing grandchildren and jobs.
He wanders off
shrinking the street
around him.
Always the lowest part of a night
in a town like this.
Gets hit by a car
and dies in the street.

10.

Misshapen tranny
in business-type suit
going to stand-up job.
Second Street crosswalk
leading to after-hour sanctum.
Night after night, sitting alone in bar
in red dress, heels and straight, long, black wig,
Anonymous finally bought them a shot.
They sit alone smiling.

11.

Dead and homeless
outside of a church,
somebody steals your watch
and you still get an
obituary
that's half a page long
in the newspaper.

12.

He stands at kitchen sink
overlooking yard
occupied by
topless black girl near pool
pleasuring himself.

13.

Faces flicker in mind like ghosts.
So many people have been killed
yet his fingernails remain so clean.

14.

writing the way raccoons eat
the poet pieces together life
on naked pages
and coffeehouse stages

Notes on Living Where Ever

Make one cigarette last 200 miles.
Learn to disappear for awhile
Always pack your sandwiches on top.

Try to find somebody that can tell you how you will die.
Be open to anything and I mean absolutely anything.
Learn to just go with the flow.
Never look surprised.

Eat whatever people offer you. Whether it's an eyeball, durian fruit,
something that is still alive, or peyote, just eat it but, heads up, if
you are with a people that is way into peyote, they will expect you
to drink your urine afterwards so brace yourself for that.

Pay attention to the way people walk and the state of their feet. You
can tell the most about a person by those two characteristics which
leads me to my next point,
learn to observe people closely without looking at them directly.

Start an inner monologue that even dying cannot stop.
Laugh at your mispronunciations but try not to repeat them.
Get used to getting your hands very dirty.
Be honestly interested in the way people live their lives. It's the best
and fastest way to form a bond with somebody.

Let others speak without interrupting them, for days if they feel like
it.
Never feel entitled to anything.
Know that everybody has some kind of a gift to give you.
Practice being unabashedly honest with people and, most
importantly, yourself.
Limits are like prison cells, we are born without them and get
ourselves stuck in them.

Be aware of the consciousness in all things.
Write down all of your thoughts.
Remember everybody's names and how you met them.

Be able to sleep on the bare ground.
A harmonica is probably the most useful tool you can carry with you.
It's not that that you shouldn't live with regret, you just should try not to collect very much of it. Don't expect much from life and it won't expect much from you.
No single, individual problem is too much for you to overcome.
Know how to make people feel special, even if you don't speak the same language.
People are all pretty much the same and they all want the same things and knowing that is essential.

<u>Untitled</u>

The most memorable thing was
a dead squirrel
being moved across the street
by a gardener's leaf-blower.

Breathing Outside of a Bar

Hours pass
slip away angry.

Go out and smoke a square.

It's been so long since I've had the opportunity
to get off my ass and
be a little reckless.

I construct my relief from
smoky temples, disjointed words, and inebriated release.

Thousands of carpeted fingers
holding you, smiling
and your arms have a toll of noncommittal accidents
and I managed to forget the faces of my dogs.

Weary words,
angry words,
scrambled words
written in gum and discarded butts
outside of a subterranean bar
in a city that's moving on.
I take a photo to reference later.

"You Get Used to the Filth You Live In"

Wall paper units
                              assembling faces
hunching over moldering toilet   assembled faces
                              assembling friends
                              assembling family
gripping me tight
as I assail freedom
               yellowing walls
                         assemble some darkness
                              I don't bother paying rent here anymore.
               Freedom assemble atmosphere of caged derision
                              derision
                              derision
                         assemble audiences

                         audience assemble poet.
                         Poet assemble freedom!

Water's off, deranged poet
               piss in the shower
Slick bed oil from sleeping sweat-high up assemble heat and sleep 3
hours a night lonely stranger
so move to battered couch   inside-out   antique splitting open
distraction of stiffening clothes

                      freedom assemble outfit
                                      airing out in piles
After work, put it all there over
                      butchered porno mags,
                        beer-can ashtrays,
                     hero pages-recorded.

Organized remains
          displayed with variation in spirit
                    display assemble madhouse
Ed Gein of Poetry,
                    Welcome to the
                    Museum of Self!

Empty wine bottles turning over light
                    spatial timeline in layers regurgitating youth
throwing eyes of light
                    eyes assemble light
                              battle reconstructing rubbish

          I don't pay rent to live here.

          Poet assemble debauchery
          Freedom assemble maintenance

          Museum of Self!

Requiring a dripping or slight taper, at least.
     Why not?

How long can I maintain this poetic freedom?

Garden of Frustration

Slipping away,
watching me clear the rust from my veins.
I manage one promise, too, so
if there's a castle inside of you,
I'll return what I have to do
to bring you awake
to me
and wrap up those damn walls
and digest what's keeping you
out of our garden
on a hill above
shrieking blood tomato velocity.
Before I hand you away,
I'll write down a way
to contact me
just in case you manage to
find the time to
cherish a
never mowed but
distantly chlorinated
pool of nudes.
Jesus was the lizard
that swallowed your radiance
and carried it away in a
dry bag of premature wandering,
along with what soft wires
were exposing promise
of retraction like
your fake admirers.
And, if I ever find the bastard blitzed,
I'm going to open up his fucking face
and pull you
(as you were)
happy,

right back out to the violent shadows
of an eventual quiet death
on a rug
close to the
cold, lonely ground.

Current Events

One of my cats
is watching me
take a shit
and North Korea
has a Hydrogen Bomb.
If I was making a Hydrogen Bomb,
I bet both cats would be in here
watching me
but I don't think
there's enough room
in this bathroom
for a Hydrogen Bomb.

<u>What's Left Behind</u>

A basket of multicolored yarns
    used to knit blankets
        that kept us warm as children.

A dozen or so sad clown statues
    performing for an audience
        of dusty beanie babies.

Costume jewelry
    that made her look upstanding
        during countless church services.

The sky hangs high above all this
as the collections are moved back and forth
on the borrowed card tables
filing across October's dying grass.

    I can remember her telling me where you go when you die
        (you go up in the clouds)
    and what you do when you get there
        (you stare down at people all day)
    and, for a moment, I am relieved.

The clouds hang over our silent yard sale for another moment
then continue on their way.

    What doesn't sell will likely be pitched-
        an entire life's work headed straight for the trash.

I pick through what's left at the end of the day.

The clouds come back and then I realize
    I never believed what she told me about what's in those
clouds.
        Those clouds don't comfort me.

I think I'll hang onto this hair brush and knitting needle.

Haiku

eventually
curiosity will win
cannibalism

<u>cR 0 A+ oaN</u> *

Cat
    Snares
            Soul.
Cat snares soul.
Cat snares blue soul.

To whisper lies a roll for reasons breezes
cat snares soul.
Tomorrow wears a hat,
cat snares blue soul.
There's another cat inside
cat snares soul.
When blueberry taxi this
vinyl flip appendage exit
cat snares soul.

Cat snares
diseased
deceased
insist
incest
regressed
refused
impute
execute
exi-cat.
Cat snares soul.

Cat snares soul.

Elephants are as contagious as
cat pairs bowl.
Cat snares blue soul
from static fringe eye truffles

with image.
Cat snares soul.
Cat snares blue soul.

Lifting belly to tender buttons
cat snares soul.
Volt of a God abortion
cat snares soul.
Three reasons for cat snares soul.
Cat snares soul.

Cat snares blue soul pow-wow.
Delivered back every time to
cat snares soul.
Cat snares soul when except
center pier reversal trends.
Cat snares solar,
Rat stares roll,
Cat flowers pole.
Cat snares soul.
Cat snares soul.
Cat snares soul.
Cat snares soul.
Cat snares soul.
Cat snares soul.
Cat snares soul.
Cat snares soul.
Cat snares soul.
Cat snares soul.
Cat snares soul.
Cat snares soul.
Cat snares soul.

Cat snares soul.
Cat snares soul.
Cat snares soul.
Cat snares soul.

Cat snares soul.
Cat snares soul.
Cat snares soul.
Cat snares soul.

*Written using words seen on signs, menus, etc.
on Delmar Boulevard in St. Louis
while waiting outside for my lunch to arrive.
Intended to be performed with an accompanying digeridoo.

Lizard Nation

Three stokes
a lizard waning
or wanting
a love's quick flashes.
Lizard spanning width of my mind,
wincing off a smile,
spilling out disguised freedom to search for.
Finding one true belonging
in a time of
tedious always
a soaring eruption
to hate and cradle
locking twice into
a withered home for
one sultry abrasion,
napping.
Fuck the lizard,
the geographic lizard, hard,
I find its west-bringing fire
sexy.
Lizard country, lizard nation
once strong and burning,
now lies
restless
in my head.
Bring me nation
and lizard loving
find a country and union.
Such an exotic lizard.
I want you, lizard.
Bringing with me
the sutures for
a life once submerged,
now dry

and
hoping for a burst-
a burst made better by me
though I know it's a dream,
a longshot.
Observe the lizard retiring from glory.
Lizard's now a superpower.
As sorry as I am,
I deserve no better than
the lizard crawling nation.

<u>End</u>

friends no friends
rain no rain
I'm going out to smoke

Ian Winterbauer grew up in Central Illinois and currently resides in Springfield with his wife and cats. He is believed to be the Tallest Poet on Earth and only cares about poetry, coffee, and Sasquatch.

Made in the USA
Lexington, KY
22 March 2017